DOUCES COLÈRES

40 journaliste
45 conservateurs ?
52 .
58 J.F. Lepine et autres .
71 École .
91 séparation . 92 93
99 US. pauvre .
100 . Radio Québec, syndicalisme
123 syndicalisme - etc / .
127 - 28 P.Q.

Gil Courtemanche

Douces colères

journal

vlb éditeur

VLB ÉDITEUR
4665, rue Berri
Montréal, Québec
H2J 2R6
Tél.: (514) 524.2019

Maquette de la couverture:
Mario Leclerc

Photo de l'auteur:
Josée Lambert

Photocomposition:
Atelier LHR

Distribution:
Diffusion DIMÉDIA
539, boul. Lebeau
Ville Saint-Laurent, Québec
H4N 1S2
Tél.: 336.3941

À Anne-Marie et Hélène,
pour leur dire que je continue…

À François Jobin,
pour son amour de la liberté.

En guise d'explication...

J'ai toujours pensé qu'il fallait expliquer pourquoi on prétendait tout à coup monopoliser l'attention de quelqu'un durant quelques heures. Les journalistes le font rarement parce qu'ils croient ou prétendent croire que c'est l'événement, le sujet du reportage qui intéresse et non pas le journaliste. C'est souvent complètement faux, la télévision et la radio ayant transformé certains journalistes en événement. N'allez pas me dire que des gens écoutent vraiment Pierre Pascau pour s'informer.

Je suis journaliste depuis plus de 25 ans. J'ai pratiqué ce métier avec une passion et une obstination qui m'ont fait plus d'ennemis que d'amis, avec une ambition à certains moments et un refus du compromis qui ont contribué à détruire des relations affectives et professionnelles qui m'étaient pourtant essentielles. Je suis entré en journalisme comme on devient prêtre. C'était une religion, celle de la franchise. Je n'ai pas l'intention de défroquer ou de changer de doctrine.

Je faisais du journalisme comme on «fait» de la coke. Mais les drogues locales commencèrent lentement à ne plus provoquer d'effets, sinon une sorte de migraine persistante.

Durant les quinze dernières années, mes patrons m'ont souvent reproché de ne pas m'intéresser aux événements locaux. J'acceptais quand je n'avais pas le choix.

Je m'arrangeais pour prendre mes vacances lors des élections et je n'ai jamais compris comment un être sain d'esprit pouvait avoir un quelconque intérêt pour les émissions pseudo-sérieuses que j'ai animées durant la campagne référendaire.

Outre l'arrivée au pouvoir du Parti québécois en 1976 et l'affrontement Lévesque-Trudeau, jusqu'au pétard mouillé du référendum, la vie politique canadienne provoquait chez moi une torpeur totale, une impression de déjà vu, un sentiment de futilité égalé seulement par la suffisance des protagonistes. Heureusement, il y avait Trudeau et Lévesque. Mais tout démiurges qu'ils étaient, messianiques et égocentriques, ils me fascinaient comme personnages tout en me désolant professionnellement. Je les fuyais comme la peste. Je n'aime pas interviewer les dieux. Ils ont toujours raison et n'ont aucun respect pour leurs créatures.

Parallèlement, je me rendais compte que je ne lisais plus vraiment les journaux locaux, à l'exception du *Journal de Montréal* qui est sympathique et vivant et du *Globe and Mail* qui n'est pas endormi dans la douillette de sa convention collective et où les journalistes ne se prennent pas pour des penseurs mais pour des journalistes.

Pour tout dire, le malaise était bien plus profond. En 1975, au Liban, je m'entendis dire que j'aimerais vivre dans ce pays. Je n'était pas ivre. Je le pensais sérieusement. Quelques années plus tard, j'eus une longue conversation avec un dirigeant de l'université palestinienne de Bir Zeit, en Cisjordanie, sur la possibilité de venir y enseigner. C'était surtout pour moi un moyen de venir m'installer en permanence au Moyen-Orient. Pour pratiquer mon métier bien sûr, mais aussi pour y vivre avec ma «blonde» et nos trois enfants. Très récemment, enfin, j'ai presque déménagé en Haïti.

Chaque fois, seules des raisons familiales et senti-
mentales m'ont empêché de partir. Chaque fois, mon
envie de partir n'était motivée que par une seule chose:
je me sentais beaucoup mieux dans ces pays qu'au Québec.

Il n'y avait chez moi aucun goût pour l'aventure, ni
fascination pour le journalisme risqué. Tout simplement
un plaisir de vivre. Un plaisir profond d'être là dans des
sociétés où la colère ne se règle pas hors cour, où la cor-
rection ne porte pas toujours la cravate, où les odeurs ne
sont pas filtrées artificiellement, où la danse est encore
la danse et l'amour un gouffre mystérieux. Vivre en
dehors de la ouate soporifique d'une société tellement
bureaucratisée qu'elle réduit l'univers à un print-out.

Je commençais à avoir l'impression que le Canada
était un dortoir et le Québec une fécondation in vitro. Je
découvrais surtout que je n'avais de rapports réels avec
ce pays que dans la mesure où la majorité des gens que
j'aime vivent ici. Déménageraient-ils que je les suivrais
et que je ne m'ennuierais pas vraiment d'ici... sauf d'un
petit restaurant libanais sur la rue du Parc, de l'*Air du
temps*, mon club de jazz préféré et du Canadien de Montréal.

Ce ne sont pas des sentiments qu'on peut exprimer
dans un bulletin de nouvelles et, pour la première fois de
ma vie, je sens le besoin de quitter le journalisme classique qui prête ses idées aux «observateurs avertis», pour
m'installer dans une sorte de luxe qu'est la liberté de
dire.

Si j'ai choisi comme prétexte de rédiger un journal
en période électorale, c'est que j'ai toujours pensé que
c'est un moment privilégié pour me pencher sur une
société. N'est-ce pas le moment officiel où elle est sensée
faire des choix qui engagent son âme la plus profonde?
Mais à travers ce journal où j'ai bien plus l'intention de

parler de notre vie que de celle de Brian Mulroney, c'est aussi, inévitablement, un retour sur ma vie que je fais: un reportage sur un Québécois de 45 ans dont le métier a multiplié les vies et les passions et qui a cru à 20 ans que tout était possible au Québec et au Canada. Je ne savais pas à l'époque à quel point j'avais malheureusement raison.

1er OCTOBRE 1988

Mulroney s'est enfin décidé. Nous saurons le 21 novembre prochain si nous sommes encore des Canadiens ou de futurs Canaméricains. Pour une fois qu'une élection canadienne a une importance fondamentale, je ne la couvrirai pas. Ce n'est pas grave: je me suis rendu compte, il y a longtemps, que lorsqu'on est journaliste à Radio-Canada, la liberté d'information n'a aucun rapport avec la liberté d'expression quand il s'agit des affaires canadiennes.

Combien de fois ai-je pu dire, alors que je faisais des reportages pour la sainte Flanelle de l'information, que tel politicien était corrompu, cruel et sans scrupule? Cent fois. Mais c'étaient des chefs d'État étrangers, généralement noirs ou arabes, qui ne mangent pas dans les mêmes restaurants que les dirigeants de Radio-Canada.

Les quatre principales caractéristiques de Brian Mulroney sont l'ambition et l'opportunisme, l'ambition et l'opportunisme. Je le sais, il le sait, sa femme le sait, ses amis le savent, le directeur de l'information de Radio-Canada me l'a déjà dit, mais ce n'est pas de l'information, c'est de l'interprétation. C'est un secret que les journalistes gardent pour eux. La moitié de notre travail consiste à recueillir des secrets pour diffusion restreinte dans les réunions de production ou dans les exercices de séduction. Ce n'est pas pour rien que le journal interne de Radio-Canada s'appelle *Circuit fermé*.

Brian est en grande forme aujourd'hui. Sa belle-sœur se marie. Occasion en or pour les fabricants d'images: homme d'État à 10 h 00, homme de famille quelques heures plus tard. Tout ça dans le même bulletin de nouvelles. Je me souviens tout à coup: lors de la dernière élection, la Big Blue Machine ontarienne faisait appel aux mêmes conseillers en relations publiques que Ronald Reagan. C'étaient les débuts du libre-échange.

Quand Mulroney parle, il me fait penser à un télé-évangéliste qui se défend d'avoir eu des relations sexuelles illicites. Cela s'appelle le ton Jello. «Cette élection, dit-il, aura comme thèmes la création d'emplois, la réconciliation nationale et la présence du Canada dans le monde.» La création d'emplois, c'est sûrement le libre-échange, mais je n'irai pas vendre ça aux travailleurs de l'agro-alimentaire et aux petites entreprises du secteur de la transformation. La réconciliation nationale, c'est le lac Meech, ce curieux accord qui exaspère bien des Canadiens anglais parce qu'il dit que le Québec constitue une société distincte, et bien des Québécois parce qu'il ne donne pas vraiment au Québec les moyens de construire une société distincte. Les réconciliations nationales sont parfois comme celles des couples: elles noient les deux solitudes dans l'ambiguïté. Quant au rôle international du Canada, il figure déjà dans le livre des records Guinness de la timidité. Mulroney nous proposera certainement de nous dépasser et d'atteindre de nouveaux sommets d'inutilité.

John Turner a eu, en ce premier jour, de beaux accents. Il a presque réussi à nous faire croire qu'il était profondément canadien. Mais pourquoi faut-il que l'identité canadienne, résolument mise en question par le libre-échange, soit défendue par un homme aussi dépourvu de charisme? Je me prends à souhaiter le retour d'un Trudeau qui refuserait qu'on transplante dans ce

pays calme, tranquille et décent, le «American dream»
de Mulroney et de la haute finance canadienne.

John Turner est incapable d'ouvrir la bouche sans
faire une gaffe. Il accuse le NPD d'être un parti neutra-
liste. J'aimerais bien que le Canada soit neutre, puisque
l'âme canadienne est neutre, si on exclut la vingtaine de
comtés où le lobby pro-israélien décide du résultat électoral et l'autre dizaine où les immigrés de l'Europe de
l'Est réussissent encore à convaincre nos politiciens que
Gorbatchev n'est que la réincarnation de Staline. Mais
j'oublie: dans une élection, ce n'est pas l'âme d'un pays
qui est en jeu, c'est un certain nombre de circonscrip-
tions électorales.

Le premier geste de Broadbent aujourd'hui, c'est
d'installer une pancarte électorale sur sa pelouse. Puis en
grande conférence de presse il nous apprend qu'il n'y a
pas beaucoup de différences entre le patronage bleu et le
patronage rouge. On le sait, on n'est pas daltonien. Il
ferait mieux de venir au Québec pour dire à Michel
Agnaieff et à ses copains que le NPD a la ferme intention
de demeurer vaguement social-démocrate et de ne pas
devenir une excroissance maligne de la bureaucratie
syndicale de la CEQ.

Dure première journée, dure pour mon orgueil francophone: seules les chaînes anglophones avaient décidé
que l'annonce d'une des élections les plus importantes de
notre histoire méritait une véritable émission spéciale.
Pendant que CBC et CTV travaillaient, Radio-Canada,
l'organisme responsable du bien-être social pour les
cadres en information, diffusait un film sur un pays
africain. Si on avait diffusé une reprise de la conférence
de presse annonçant la disqualification de Ben Johnson,
j'aurais compris... Mais c'était impossible, Radio-
Canada n'a pas cette émission.

Bonne nouvelle quand même: le député conservateur de Maisonneuve-Rosemont, Édouard Desrosiers, le
frère de Patof, ne se représente pas. Un quotidien a révélé qu'il avait été condamné pour sa participation à un
vol à main armée, il y a trente ans. C'est le même homme
qui a proposé qu'on construise un toit translucide au-
dessus de la Chambre des communes pour empêcher les
anarchistes de lancer des matières fécales sur les députés. C'est pour cette dernière suggestion qu'on aurait dû
le récuser, même si cela est beaucoup moins dramatique
que l'absence de Brian Mulroney et de John Turner lors
du vote sur l'avortement. C'est à peu près comme si
Wayne Gretzky détenait un contrat lui permettant de
n'affronter que les équipes faibles. Il y a trente ans, quand
j'ai commencé à suivre la politique, un chef de parti
n'aurait jamais survécu à une telle absence de courage.

À cette époque, on faisait de la politique comme
Maurice Richard jouait au hockey: à l'arrachée, sans
grande prétention mais avec beaucoup de conviction. Ni
les colères de John Diefenbaker, ni celles de Maurice Bel-
lemare n'étaient feintes. Aujourd'hui, la colère est interdite. Ça ne se vend pas. Un conservateur ou un unio-
niste était à droite, un libéral un peu partout autour du
centre et un social-démocrate à gauche. On savait à qui
on avait affaire.

Il était encore possible d'avoir des héros politiques
et même de considérer certains d'entre eux comme des
maîtres. Maurice Duplessis, Georges-Émile Lapalme,
Jean Lesage, René Lévesque, Gérard Pelletier, Jean Mar-
chand, T.C. Douglas, Robert Cliche, Pierre Trudeau,
etc., ont laissé leur place aux politiciens Teflon sur lesquels rien ne colle sinon le vêtement marketing qu'on
leur a taillé et que des journalistes consciencieux trans-
formeront en réalité.

Je me suis intéressé à la politique bien plus à cause de certains hommes qui charrient des idées que des grandes idées qui charrient les hommes. René Lévesque en 1960 parce que je savais qu'il parlait de moi quand il parlait de nous, Michel Chartrand parce que son intransigeance et ses excès m'apprenaient à être scandalisé, Fernand Daoust parce qu'il croyait aux bouleversements dans le respect et la tolérance.

C'étaient des gens sans cathéchisme. Ils se méfiaient de ceux qui organisaient les idées en credo. Il y en a d'autres mais ceux-là furent pour moi les premiers. Il y avait surtout un rapport entre leurs «programmes» et leur façon de vivre, c'est-à-dire d'aimer, de manger et de s'amuser. Ils faisaient de la politique comme si c'était la vie. Ils avaient raison. La politique c'est nos vies. Rien n'y échappe, ni le prix des tomates, ni les troupes de théâtre amateur, ni la guerre, ni le nombre de restaurants vietnamiens à Montréal. Je cherche encore aujourd'hui ce genre de personnes et je n'en vois plus beaucoup.

2 OCTOBRE

Dans les salles de rédaction on s'affaire. C'est le début du grand double-jeu. Presque tous les journalistes québécois n'ont aucun intérêt pour ce qui se passe dans le reste du Canada. Ils se sont mis depuis longtemps en état d'indépendance passive. Quelques-uns sont déjà allés à Toronto, peut-être même à Vancouver. Ceux-là parlent suffisamment anglais pour déchiffrer péniblement les rares communiqués de presse qui échapperont aux traducteurs. Jusqu'au 21 novembre, ils feront fidèlement la chronique d'un pays qu'ils ne connaissent pas.

Ils vous expliqueront que cette élection est cruciale mais diront entre eux que ça ne sert à rien de voter. Ils se consoleront en accumulant du temps supplémentaire. Une élection canadienne pour les journalistes québécois, c'est un voyage en Europe, un investissement supplémentaire dans un REA ou un triplex à Outremont.

À Radio-Canada, on met à jour le fichier qui va permettre aux journalistes des Affaires publiques d'expliquer le Canada par politicologues interposés. Ils sont des centaines, ces professeurs enfermés dans leur MacIntosh qui, pour 125$ les cinq minutes, raconteront que l'avance des conservateurs désole les libéraux. S'ils ne sont pas québécois, ils déploreront gravement le peu de cas que font les politiciens des revendications des 25 000 francophones de l'Alberta, taisant bien sûr le fait qu'ils sont souvent les rédacteurs de ces doléances.

L'ordinateur reprend son rôle de directeur de l'information. Il quantifie la neutralité radio-canadienne en temps d'élection. Dans ce ghetto autosatisfait, on mesure l'équité, l'équilibre de la couverture, en temps d'antenne. C'est la technique du pilote automatique: éliminer toute forme de risque en supprimant le plus possible la variable subjective et incontrôlable: l'intervention humaine.

Mon premier affrontement avec un patron de l'information eut pour objet une question de minutage. En 1965, René Lévesque, appuyé par l'ACEF, avait fait une tournée à travers la province, dénonçant les abus de ce qu'on appelait les «compagnies de finances». Le dossier était sans appel: tous les contrats régis par la Loi des petits prêts étaient illégaux. On était au royaume de l'usure. J'avais fait une série de reportages décrivant ces abus criminels. Durée: 45 minutes. La direction m'ordonna de faire un autre 45 minutes... favorable aux compagnies de finances. Mon refus entraîna mon premier congédiement.

Une campagne électorale à Radio-Canada c'est aussi le règne de l'anesthésie mentale. La respiration naturelle du journaliste est remplacée par le poumon artificiel des faiseurs de sondages. Dans des réunions interminables, des cadres dont on mesure l'expérience au temps qu'ils prennent pour lire *Le Devoir* déterminent les thèmes qui devront faire l'objet de discussions approfondies.

La psychologie qui anime toutes ces démarches est fascinante. Elle procède d'un souverain mépris pour les hommes politiques, les électeurs et le processus électoral. Le processus électoral, selon nos organisateurs d'information, risque d'être vidé de toute signification à cause de l'ignorance des électeurs et de la duplicité des politiciens. À nous de sauver la démocratie en forçant les politiciens à parler de sujets dont ils refusent de parler et en imposant aux auditeurs une information tellement segmentée et spécialisée qu'elle provoque instantanément indifférence ou rejet. «Et allez! Une heure sur la clause nonobstant.»

Tous ces grands efforts pour nous sauver malgré nous de l'ignorance seront cependant annulés dans la pratique par les impératifs commerciaux de la société d'État. Ces grandes émissions fondamentales seront diffusées le vendredi soir (pire soirée d'écoute à la télé) ou le matin durant la fin de semaine. Cela n'a pas d'importance. L'objectif n'est pas de rejoindre les gens, c'est de remplir le Mandat. Il faut toujours mettre une majuscule à ce mot qui détermine aussi la vie de l'Autre télévision. À utiliser ainsi: «C'est une très bonne idée ...mais ça ne respecte pas le Mandat.» Dans ce monde, les gens trompent leur femme et leurs amis avec le Mandat.

J'ai plus ou moins accepté de jouer ce jeu durant quelques années. Le salaire et l'envie de réussir y étaient pour beaucoup, mais jamais suffisants pour empêcher les accrochages. Je connaissais le Canada anglais, je l'avais appris par cœur comme j'apprends dans les livres un pays étranger que je n'ai jamais visité. Puis, je l'avais fréquenté. À l'extérieur du Québec, je fuyais comme la peste les représentants des minorités francophones qui contrôlent les stations du réseau français. À Toronto, je croyais plus important de rencontrer des membres de la communauté italienne. Ils sont plus nombreux et ont de meilleurs restaurants. Ils n'avaient qu'un défaut, ils ne parlaient pas français et ne constituaient pas un des peuples fondateurs du Canada, pas plus que les Amérindiens... Il fallait donc trouver, péniblement, un journaliste ou un professeur parlant un français pénible qui, mis au courant des sentiments de la communauté italienne par le journaliste, s'empressait de répéter la même chose à un auditoire charmé par sa compétence. Bien sûr, tout cela a changé, évolué, du moins dans la forme. Mais l'approche fondamentale demeure: aseptiser l'information par la théorie, les statistiques, les concepts. Faire des analyses, mais jamais de radiographies qui parlent par elles-mêmes. Ce n'est pas un sombre complot. C'est une déviation normale chez les gens qui ne quittent pas leur bureau.

«Quant ça bouge, c'est indécent», disait le lieutenant Langlois de quelques seins sénégalais. Vous pouvez dire que Mulroney pèse 80 kilos, mais pas qu'il a un sourire béat... à moins de dénicher un docteur ès sourires parlant français et figurant dans le fichier des Affaires publiques. Si c'est écrit dans un journal, préférablement par un éditorialiste, cela est digne d'intérêt. Si par contre une hypothèse est le fruit de quelques années de travail sur le terrain par un journaliste, cela demande à être confirmé par un spécialiste.

Je me demande encore comment les médias électroniques, dans leur ensemble, pourraient fabriquer leurs émissions d'information si tous les journaux faisaient la grève. Je n'ose pas y penser.

3 OCTOBRE

Mulroney laisse tomber Sinclair Stevens plus d'un an après qu'on ait prouvé qu'il avait violé les directives sur les conflits d'intérêts quatorze fois.

Jean Drapeau ronronne à Paris et il n'a toujours pas publié sa réponse au juge Malouf qui en faisait le principal responsable de la catastrophe financière que furent les Olympiques de Montréal.

Michelle Richard fait encore carrière et Radio-Québec nous éduque sur le champagne et le design italien. Tout cela se tient: rien n'est scandaleux parce que rien ne dure. Cette société est incapable d'indignation et est totalement dépourvue de mémoire. Nous constatons placidement, enregistrons distraitement nos réactions, et, le vendredi, pressons automatiquement sur la touche «kill». Il ne faut pas gaspiller les disquettes. Tellement plus facile de vivre sans souvenir.

Mon propre détachement me rend perplexe. Je me sens aujourd'hui comme si je faisais un reportage sur une élection dans un pays étranger. Un pays étranger qui ne me passionne même pas. Incapable d'y découvrir ni projet commun, ni avenir, sinon le confort matériel et la date d'échéance du contrat collectif.

Les batailleurs se mettent à la retraite à 50 ans ou à la première grosse défaite. Bourgault trône dans la «communication» et prête sa belle voix d'orateur à un message publicitaire sur les MTS. Le Québec se vautre dans la «communication». Paradoxe fascinant: depuis que nous sommes tous devenus des spécialistes de la communication, il n'y a plus de message.

Claude Charron écrit des romans et présente de mauvaises traductions des reportages sensationnalistes de «60 Minutes». Lise Payette se venge à la télévision de tous les hommes québécois de sa génération et reproche à Michel Rivard de ne pas reprendre le flambeau de Félix Leclerc. Michel Rivard et quelques autres de sa génération, Séguin, Piché, Marjo, Flynn, ont fait en sorte que ma fille de 17 ans écoute aujourd'hui, avec autant de plaisir et d'admiration, *Un trou dans les nuages* que *Nothing Like the Sun* de Sting. S'il fallait élever un monument à l'impact politique réel d'un auteur-compositeur, c'est à Rivard que j'en érigerais un. De toute façon, les flambeaux sont faits pour s'éteindre et il faut construire des ponts d'acier et de béton pour que les îles ne meurent pas oubliées.

Pierre-Marc Johnson enseigne à McGill, Bernard Landry à l'UQAM. Jean Chrétien veut devenir millionnaire. Serge Joyal préfère les vieux meubles au risque d'une lutte serrée. C'est un peu comme si aucune conviction politique ne valait plus qu'une défaite. C'est peut-être aussi une façon de dire: «S'ils nous ont dit non une fois, c'est qu'ils ne nous méritent pas.»

Quant aux intellectuels québécois, ils ont tellement glosé sur la construction de l'État national, ils nous l'ont inventé si souvent, avant même que nous leur disions que nous en voulions un, que fatigués, déçus, incompris, ils ont pris refuge dans la réflexion pure et dans la consultation. Il y a bien un étourdi que Radio-Canada ou *Le Devoir* récupère parfois, mais c'est généralement une erreur de parcours.

Quand ils siégaient sur les commissions d'enquête, ils nous disaient chaque semaine que le bilinguisme dans les toilettes publiques ou le remplacement d'un cours de mauvais français par un cours de mathématiques mettait en jeu notre âme collective. En 1970, durant la crise d'Octobre, en 1976, après l'élection du PQ, en 1980, durant le référendum, il nous expliquaient avec des accents émus que nous vivions des moments historiques. Nous le savions. J'aimerais bien aujourd'hui que quelques-uns d'entre eux sortent de leur retraite ou de leur réserve et qu'ils s'expriment sur autre chose que la loi 101. Par exemple, serait-il possible que derrière la proposition purement économique du libre-échange se cache une conséquence inévitable, celle d'un changement de société, d'un changement qui pourrait être plus profond que tout ce qu'aurait pu entraîner un oui au référendum? C'est malheureusement un problème qui ne se met pas en chanson et qui oblige à accepter ce qu'une bonne partie de la société a décidé d'oublier: le Québec fait encore partie du Canada, pour le meilleur et pour le pire.

Les jeunes journalistes de talent, eux, se sont presque tous mis à l'économie, laissant la politique, les faits de société, la vie quotidienne, aux nostalgiques ou aux rêveurs polyvalents. Ils ont plongé dans les REA comme Obélix dans la potion magique. Ils nous ont parlé des triplex qu'ils rénovaient et des impôts qu'ils épargnaient. Yuppies sympathiques, ils ont envahi les écrans et les pages financières, racontant avec la simplicité de Monsieur Bricole qu'il n'y a rien de mystérieux et que le bonheur financier est à portée de la main d'un peu tout le monde. Miracle beauceron, PME triomphante, logiciels glorieux, recherche et développement, abris fiscaux, nous n'enquêtons plus sur ce que nous pouvons faire avec nos vies, mais sur combien d'argent nous pouvons faire dans la vie.

Fuite en avant. Le 19 octobre 1987, l'indice Dow Jones perd 508 points à la Bourse de New York. C'est le krach que les mêmes journalistes appellent aujourd'hui un krach technique. Les REA imitèrent le *Titanic* et les petits investisseurs qui rêvaient à leur triplex en furent quitte pour demeurer locataires.

Ce qu'il y a de plus fascinant dans cette histoire, c'est que nos journaux, convertis dans l'économie, continuent à accorder autant d'importance à la Bourse qu'avant le krach. Or, il n'y a pas eu de récession, les suicides ont été rares, les consommateurs ont continué à dépenser, la croissance économique s'est maintenue. Pourtant des dizaines de milliards se sont envolés, disparus dans les ordinateurs qui les avaient créés. Nous avons eu la preuve que le marché boursier est une sorte de monstre autosuffisant qui a peu de rapport avec la réalité, sinon avec celle des initiés et de l'infime minorité détentrice d'actions.

Peu importe, nous sommes toujours ensevelis sous les nouvelles boursières, on nous rappelle le prix de l'or, on nous trompette le Dow Jones même quand il ne bouge pas. Les médias sont souvent faits pour les journalistes et le petit monde puissant dont ils ont choisi de faire partie sous prétexte de le décrire. Pour en faire partie, il est préférable d'avoir la mémoire courte et surtout aucun sens de l'indignation. La colère et la surprise sont interdites, la dénonciation réservée aux éditorialistes qui pondèrent, soupèsent et circonstancient. Les émotions sont bonnes pour les poètes. Nous ne réfléchissons plus sur nous-mêmes, nous nous contentons de nous mettre en page.

4 OCTOBRE

Comme beaucoup de Québécois de ma génération, j'ai peu d'héritage. Il est difficile d'appeler culture le curieux «patchwork» dont nous sommes les produits.

Peu de parents, peu de traditions, sinon d'être partisans du Canadien. Peu de maîtres surtout.

Enfants de la brisure entre Duplessis et Lesage, chargés d'inventer une société comme si jamais rien n'avait existé, ni ici, ni ailleurs.

Du même revers de la main irréfléchi et négligeant, nous avons rejeté le cours classique parce qu'il était d'ailleurs et avons inventé la polyvalente parce qu'elle était nouvelle. Nous avons brûlé Platon, Montaigne, la dictée, le raisonnement, la langue, parce que tout cela était d'ailleurs et contraignant. Nous les avons remplacés par les dictionnaires du «québécois», le français parlé et les enseignants idiots-visuels, parce que c'était nouveau, québécois et facile.

Pour nous inventer des racines, nous achetions des rouets et des chaises inconfortables mais québécoises. La vie des quartiers populaires nous semblait bien minable, nous l'avons détruite et remplacée par les parkings culturels de la Place des arts et de Radio-Canada. Pour être encore plus avant-gardistes, nous avons inventé le béton précontraint et les fenêtres qui ne s'ouvrent pas.

De ma jeunesse, j'ai conservé trop longtemps la certitude que la tendresse et la tolérance étaient affaires de femmes, que l'amour et l'abandon ne pouvaient mener qu'à l'oppression ou à l'aliénation. J'ai cru durant des années que rien n'était plus important que d'avoir raison théoriquement et que le bonheur n'était pas dans le bonheur, mais dans une sorte d'activisme exacerbé qui accordait autant d'importance, sinon plus, à un reportage qu'à un baiser. Plus important de tout savoir sur les Druzes que de se souvenir de la date d'anniversaire de ses parents.

De ma jeunesse, je retiens aussi la haine des dogmes, des églises et des étiquettes. Je ne comprenais pas et je ne comprends toujours pas pourquoi la gauche doit avoir raison et la droite tort, pourquoi il n'est pas possible d'aimer Céline Dion et Ravel avec autant de passion et pourquoi aimer Les Plouffe me mettait en conflit d'intérêts avec mon amour de Rimbaud. Les petits esprits ont besoin de catégories pour organiser la vie. Pourtant ce sont les mêmes larmes que je verse quand j'apprends la mort de René Lévesque, quand j'écoute «Lady in Red» de Chris de Burgh et lorsque dans les années cinquante, Tony Leswick a donné la coupe Stanley à Détroit en prolongation, avec un faible lancer de la ligne bleue. Mais il est plus facile de découper la vie en tranches, en secteurs qui n'ont pas de relations entre eux. Il y a donc la vie personnelle, la vie sociale, la vie politique, la vie économique, la vie culturelle, la vie quotidienne et... la chronique nécrologique.

De ma jeunesse, je me souviens aussi du parc Lafontaine et de la vie de quartier, des enfants sur le trottoir et de madame Bellerose qui est la seule Montréalaise que je connaisse qui ressemble un tant soit peu aux premiers personnages de Michel Tremblay. Pourtant on enseigne aujourd'hui à ma fille que madame Bellerose était en quelque sorte le symbole profond de mon quartier et que sa langue était la nôtre. Difficile de comprendre pourquoi toutes les mères de la rue Mentana, entre Roy et Cherrier, disaient à leurs enfants que madame Bellerose parlait mal. En fait, les belles-sœurs de la rue Mentana s'exprimaient — avec quelques anglicismes bien sûr — beaucoup plus clairement que les jeunes Montréalais formés par les enseignants péquistes partisans de l'unilinguisme absolu. À cette époque, un jeune disait: «J'ai des problèmes avec mon muffler». Aujourd'hui, il dira: «C'est pour le muffler, comme, t'sé. Y marche pu.»

De ma jeunesse, je retiens que les Anglais que j'ai connus étaient aussi pauvres que nous et qu'il est ridicule de ne pas parler anglais sous prétexte que les Anglais ne parlent pas français. Maniaque des sports, je me retrouvais seul chez les intellectuels et, apprenti-poète, seul chez les athlètes. On disait que je n'avais pas l'esprit d'équipe. Les gens trouvaient mon père original, donc suspect, parce qu'il ne portait pas les vêtements qu'il fallait pour faire le marché au Steinberg du Centre d'achats Pie IX. Il n'avait pas l'esprit d'équipe. On se méfie beaucoup ici des gens qui préfèrent être seuls pour penser. On se méfie aussi des gens qui ne croient pas aux frontières imperméables qu'on érige entre la culture et les amusements réservés au peuple. Comment pouvait-on aimer à la fois Brassens, réservé à Radio-Canada, et Willie Lamothe, réservé à tous ceux qui ne connaissaient rien à la beauté? J'ai su très rapidement que j'aurais des problèmes à vouloir présumer qu'il y avait quelque chose d'intéressant dans tout, mais que rien n'était absolument intéressant.

Plus tard on me fit souvent comprendre, à Radio-Canada, qu'un journaliste sérieux pouvait difficilement travailler à la série *Moi et l'autre* ou écrire les paroles d'une chanson pour recueillir des fonds pour l'Afrique sans perdre sa crédibilité... auprès de ses patrons. Cela ne correspond pas au comportement type des membres du groupe journaliste, catégorie A, comme dans Affaires publiques ou Affaires éminemment sérieuses devant être traitées par des gens éminemment sérieux.

Appartenir à un groupe, à une catégorie, en adopter les règles et les dogmes, rassurent tout le monde. Ce genre de solidarité collective est en réalité une forme de sécurité collective qui s'appuie sur des réflexes de «gang» de motards ou de mafia: la loi du silence sur les activités du groupe et sur chacun de ses membres assure la survie et la puissance du groupe. La certitude que le groupe existe de droit divin exclut toute autocritique, toute remise en question, et garantit l'existence éternelle.

Dans le monde de l'information et en particulier à Radio-Canada — milieu fermé par excellence et gelé par les conventions collectives —, cela produit une sorte de socialisme de la médiocrité et de l'autocongratulation. Un spécialiste des structures de fonctionnement aurait grand peine à trouver des différences fondamentales entre le Politburo soviétique et la haute direction du réseau français de Radio-Canada: dans les deux cas, il faut être membre obéissant du Parti, «Parti» étant un mot sophistiqué pour désigner une «gang» très bien organisée qui n'a de comptes à rendre à personne. Que les membres du Parti aient leur propre culture, que leurs priorités n'aient aucun rapport avec celles de la population, que les seuls téléspectateurs moyens qu'ils connaissent soient les femmes de ménage qu'ils croisent en quittant le bureau, n'a aucune importance. Ces «gens-là», comme disait Brel, se glorifient de ne pas être au service de la population et d'obéir aux commandements d'un maître plus noble, l'Information. «Prenez un cercle, flattez-le et il devient vicieux», écrivait Eugène Ionesco.

Quel rapport tout cela a-t-il avec une élection? Bien peu en apparence. Pourtant, chaque fois que j'ai voté, je l'ai fait avec la conviction profonde qu'une partie de mon univers était en jeu. Aujourd'hui encore, j'ai le même sentiment. Malgré le cynisme bon ton du journaliste typique, je n'ai jamais réussi à me convaincre que «de toute manière, c'est toujours pareil». Ce n'est jamais pareil. Et même si mon héritage est très petit, je sais qu'à chaque élection, il est dans la balance. Serge Laprade a annoncé aujourd'hui qu'il serait candidat libéral. Il ne connaît rien au libre-échange, dit-il, mais il est contre. Moi aussi. Mais ils sont des dizaines comme lui à ne pas savoir qu'ils jouent avec des vraies vies et non pas avec des votes.

De ma jeunesse et de ma participation à la campagne électorale de René Lévesque dans Laurier en 1960, je conserve une confiance, un peu naïve peut-être, dans le pouvoir que me confère le droit de vote. De mon passage au Collège des Eudistes et de mes premières fréquentations avec les indépendantistes, je garde une horreur des extrémismes et de l'intolérance, sauf dans la recherche des faits. J'ai appris à avoir peur des grands penseurs qui ne font que penser et à aimer ceux qui ne font pas de différence entre la pensée et l'action. J'ai peur des Messies et des doctrines qui réduisent l'univers à des formules, comme la lutte des classes ou l'unilinguisme total. De 25 ans de métier enfin, je retiens qu'il n'y a pas de théorie politique qui résiste à l'érosion de la réalité, pas de révolution qui ne soit à l'abri de la bêtise et de la corruption et pas de réformes qu'il ne faut pas réformer tous les 20 ans.

5 OCTOBRE

Le Point présentait, hier, un portrait «humain» de Brian Mulroney. C'est ce genre de reportage qui prétend nous révéler l'âme profonde des politiciens sous prétexte qu'ils ne sont pas interviewés dans leur bureau, qu'ils ne portent pas toujours la cravate et qu'ils nous disent, la larme à l'œil, comment leur père les ont influencés et combien ils aiment leur femme.

Mulroney donne dans la candeur et l'apparente spontanéité. Je me demande à quel moment dans son adolescence cet homme a donné sa dernière réponse spontanée. Plus je regarde Mulroney premier ministre, moins je vois de différence avec le jeune avocat que j'ai vu en action pour la première fois à Baie-Comeau en 1967. La Canadian British Aluminium venait de connaître une autre des grèves sauvages et illégales qu'une administration moyenâgeuse semblait prendre plaisir à provoquer régulièrement. Résultat: une cinquantaine de congédiements que la CSN prétendait illégaux. Je travaillais vaguement pour la CSN et Mulroney, le «p'tit gars de Baie-Comeau», représentait la compagnie avec un sénior d'un grand bureau de Montréal. C'était la belle époque pour la CSN sur la Côte Nord. L'exécutif du syndicat se réunissait parfois à la Taverne Hauterive où ses membres faisaient figure de héros. On y préparait tactiques et témoignages qui devaient convaincre le juge Lippé d'ordonner la réinstallation des grévistes congédiés.

Le travail de Mulroney consistait, par un premier interrogatoire, à identifier quels seraient les témoins les plus faibles, ceux susceptibles de se contredire ou de contredire le témoignage de leurs camarades. En fait, il s'agissait de percer la forteresse de faux témoignages que les dirigeants du syndicat avait érigée pour sauver ses membres de la «peine capitale» qu'était le congédiement.

Mulroney travaillait tout en douceur, sourire permanent accroché aux lèvres, comme les patineuses artistiques. Il était déjà en campagne électorale. Il ne manquait jamais de rappeler ses origines locales. «Mon père a bien connu votre père, vous savez... C'est bien la petite maison de briques juste au coin de la rue...» Durant un de ces interrogatoires faussement détendu, un des permanents de la CSN me souffla: «Sacré Brian, tout ce qu'il veut, c'est devenir premier ministre... n'importe où, n'importe quand, dans n'importe quel parti.» Et puis: «C'est un vrai Chinois. Il est capable de te tuer en te faisant un beau sourire.»

Durant l'entrevue au *Point*, Mulroney fait une confidence: «Je suis un chanteur frustré, un chanteur de music-hall manqué. J'ai manqué de talent et de courage.» Mulroney, c'est le Serge Laprade de la politique canadienne. Pour lui, être premier ministre est un métier, un art qui s'apprend, se pratique, c'est un ton de voix, un sourire, un télé-souffleur. Reagan-Mulroney, la coalition des artistes frustrés. Ces deux hommes sont des copies conformes. Ils aiment le pouvoir, ils sont heureux dans le monde physique du pouvoir, dans la limousine qui brûle les feux rouges, dans les insupportables dîners officiels et dans la ouate intellectuelle dont on les entoure pour qu'ils puissent croire vraiment au bonheur de leurs administrés. Leurs petits cercles d'amis sont identiques, petits groupes fermés liés par le sang de l'ambition. La «gang» de la Californie pour Reagan, la «gang» de Laval pour Mulroney. Leur fidélité ne va ni au parti, ni au pays, pas plus qu'à des idées ou à des projets, elle n'a qu'un seul objet, la personne qu'elles ont choisie comme véhicule pour jouir du pouvoir. Combien de fois, dans les dures années où la seule gloire des conservateurs québécois était d'organiser les plus gros partys en ville, ai-je entendu les Cogger, Bazin, Nantel, etc., me dire: «Avec Brian on va prendre le pouvoir et quand on l'aura, on va en profiter.» Comme l'entourage de Reagan. Les États-Unis et le Canada ne sont pas gouvernés par des partis politiques, mais par des «gangs de chums».

Hier, le juge Antonio Lamer de la Cour suprême s'inquiétait. Il craint qu'en se prononçant sur l'avortement, la Cour ne «s'arroge des prérogatives qui sont celles du Gouvernement». Le juge Lamer est un des hommes les plus intelligents qu'il m'ait été donné de rencontrer. Parce qu'il est juge, il ne peut poursuivre sa pensée qui est probablement celle-ci: «Un parti de gouvernement se disqualifie moralement quand il refuse de prendre position sur un problème aussi crucial que l'avortement, laissant le pays dans un vide juridique et législatif total.» À cela, les amis de Brian répondraient: «Écoutez, votre honneur, on n'est pas là pour faire des lois, on est là pour garder le pouvoir.»

6 OCTOBRE

Hier, les Chiliens ont infligé une défaite magistrale à Pinochet. Le Chili, pour une foule de raisons, est devenu ici le symbole de toutes les formes d'oppression. Première réaction: joie profonde. Puis après avoir vu les premières célébrations avec leur conclusion inévitable dans les gaz lacrimogènes et les charges policières, plus de crainte que de joie.

Le romantisme révolutionnaire, l'extrémisme du pire souvent pratiqué par les groupuscules de gauche, risquent autant que la droite de transformer cette première victoire en cul-de-sac. Surtout si la gauche pense pouvoir revenir comme par magie aux «beaux jours» de Salvador Allende.

Dans la chronique que j'écris pour *Le Soleil*, je me sens obligé de faire quelques rappels. Salvador Allende était sûrement un grand homme, d'une sincérité et d'une honnêteté exemplaires. Mais sa victoire ne fut pas le grand triomphe démocratique que des médias complices ont érigé en vérité indiscutable. En fait, quand Allende fut élu, il n'avait remporté que 36% des suffrages, moins que Pinochet hier. S'il fut choisi président, c'est que la Chambre des députés respecta la tradition en désignant, des trois candidats, celui qui avait obtenu une pluralité.

Il y avait donc plus de 60% de la population qui s'opposait toujours à Allende. Cela, les Américains ne l'ont pas inventé, même s'ils l'ont exagéré.

Allende n'était pas non plus ce grand socialiste démocrate genre François Mitterrand. Non, Allende était un marxiste pur qui confiait à Régis Debray qu'il prendrait tous les moyens pour mettre sur pied «le socialisme scientifique». Cela non plus, les Américains ne l'ont pas inventé.

Depuis, le Chili a changé. En fait, il est devenu un des pays les plus prospères d'Amérique latine et il faudra que l'opposition à Pinochet en tienne compte, tout comme nos marxistes de salon, quand ils nous proposeront dans les médias leurs grandes analyses.

Sans être marxiste, j'ai longtemps fait partie de ces salons et de ces bars qui rendaient les Américains responsables de toutes les ignominies de la planète. Pour nous, les Américains faisaient des invasions et les Soviétiques, des erreurs de parcours. Les plus audacieux traçaient des parallèles absurdes entre la lutte des Vietnamiens et celle des Québécois. Nous faisions partie d'un grand Tiers-Monde, même si nous vivions dans une des 20 sociétés les plus confortables au monde.

L'aveuglement des «intellectuels» et des journalistes québécois n'avait d'égal que leur éloignement des lieux qu'ils exaltaient. Et je faisais partie du peloton de tête.

Le 30 avril 1975 fut un jour historique: la chute de Saïgon. J'étais responsable des pages politiques du quotidien *Le Jour*. Certain de dire la vérité, je titrais: «Saïgon est libérée.» Comme toutes les bonnes âmes de gauche, j'avais cru au discours modéré et démocratique de Mme Ti Binh, représentante du Vietcong à Paris. On connaît maintenant la suite: la digne Vietnamienne se retrouva dans un camp de rééducation et Saïgon aujourd'hui est aussi libre que Nelson Mandela.

Automne 1975. Début de la guerre civile au Liban. Bon journaliste de gauche, partisan des Palestiniens — je le suis encore —, je décide d'aller faire un reportage sur ces fascistes chrétiens qui massacrent systématiquement des milliers de Palestiniens sans défense. Je ne savais pas qu'il y avait un tel fossé entre la réalité et les éditoriaux ou les bulletins de nouvelles. Bien sûr, il y avait des éléments fascistes parmi les chrétiens, prêts à n'importe quoi pour maintenir leur hégémonie sur la majorité musulmane. Mais les pauvres Palestiniens n'étaient pas exactement sans défense. Ils massacraient eux aussi, ils occupaient littéralement une partie du pays et s'y étaient substitués au Gouvernement des Libanais, même si ce gouvernement était injuste. Ce fut un choc que de découvrir que mon métier n'était au fond qu'une perpétuelle remise en question. Ce fut aussi un choc pour mes amis gauchistes et nationalistes, donc propalestiniens. C'était une sorte de trahison. Il ne fallait pas se laisser aveugler par les excès de ceux qui défendent des bonnes causes. C'est avec des raisonnements comme celui-là que des grands écrivains français, comme Gide et Éluard, ont cautionné Staline. Il faut se scandaliser de tous les excès et il n'existe pas de cause assez juste pour justifier l'assassinat d'un moine infirme de 90 ans. Il ne faut surtout pas réduire l'histoire ou le monde dans lequel nous vivons à des affrontements simplistes entre les forces du bien et du mal. Ces forces n'existent pas. Il faut surtout comprendre que certaines appellations sont trompeuses. Il y a beaucoup de libérations qui ressemblent à des emprisonnements.

Les Québécois sont généreux, on a pu le constater lors de la famine en Éthiopie, même si les plus engagés parmi nous lèvent le nez sur ces élans du cœur qu'ils qualifient de faciles et qu'ils assimilent à des façons de se donner bonne conscience. Les Québécois ont aussi peu

de préjugés, malgré les cris déchirés et intéressés d'organismes comme le Congrès juif canadien. Mais les Québécois sont aussi crédules et dès qu'ils sont un peu engagés et militants, ils prennent les chansons de Léo Ferré
pour des reportages.

Les Québécois engagés ont la solidarité facile, automatique. Ayant raté leur libération nationale, ou ne
trouvant pas de combat assez noble pour leurs lecteurs,
ils plongent dans les luttes des autres. Tamouls, Éryth-
réens, Molucquois, Sandinistes, Arméniens, Basques,
etc., pas un peuple, pas une minorité, pas une tribu qui
n'ait ici un porteur de pancarte, à qui un journaliste en
mal de nouvelles ne donnera légitimité et crédibilité.
Nous sommes des «groupies» des mouvements de libération nationale.

Le monde de l'information n'échappe pas non plus
à ce romantisme pernicieux qui atteint souvent la super-
cherie. Une grande émission d'information comme *Le
Point* entretient encore le mythe selon lequel l'IRA serait
un mouvement révolutionnaire, représentatif de l'ensemble de la population catholique de l'Irlande du Nord.
La réalité est pourtant plus simple et moins jolie: l'IRA,
c'est une petite bande d'assassins psychotiques chez qui
il est difficile de faire la différence entre les «politiques»
et les voleurs de banque. Sa seule représentativité lui
vient de la terreur qu'elle fait régner dans la population
catholique. L'IRA est essentiellement armée par ce révolutionnaire «généreux et progressiste» qu'est le colonel
Khadafi et pour faire bonne mesure, elle a entretenu des
liens autant avec les kamikazes du terrorisme de gauche
qu'avec les nostalgiques meurtriers du terrorisme fasciste en Italie. Mais ce ne sont pas des choses qui se disent.

Malheureusement pour les amateurs de héros, pour
les troubadours de la libération, il y a autant de faux
jetons à gauche qu'à droite. Cuba a alphabétisé la

majorité de sa population, mais le fait de savoir lire ne rend pas plus agréable le sort du prisonnier politique. L'invasion ratée de la baie des Cochons par la CIA n'excuse pas Castro d'embrasser Noriega qui est un simple trafiquant de drogues. Et quel est le trafic de drogues que nos bons cœurs devraient appuyer: celui des Afghans antisoviétiques, celui des milices chrétiennes au Liban ou celui du gouvernement syrien, celui des contras ou du gouvernement iranien? Un droit fondamental l'est-il moins parce qu'on le réclame dans un pays de gauche? Un journal fermé au Nicaragua l'est-il moins qu'un journal fermé en Afrique du Sud? Beaucoup de gens ici me disent: «Oui.» Je leur dis: «Non.» On ne mesure pas la liberté à l'étiquette qu'on lui donne et le bonheur à la théorie dont il est issu. Ce n'est pas non plus parce qu'une communauté occupe un territoire que l'indépendance est automatiquement la clé de son épanouissement.

Trop souvent, ici, les gens qui monopolisent l'information internationale, et ils sont très peu nombreux, préfèrent les simplismes de droite et de gauche pour pouvoir se retrouver dans une réalité complexe qui échappe aux dogmes et aux appellations contrôlées. J'ai déjà fait partie de ce village de complaisants et de paresseux qui libéraient Saïgon sur papier et transformaient l'OLP en mouvement pacifiste. Depuis, les réalités du terrain, la rencontre avec de vrais terroristes ou de vrais fascistes, la confrontation avec la complexité des hommes qui se cachent derrière les idées et les drapeaux, m'ont appris qu'il n'y a pas beaucoup de différences entre une dictature de droite comme celle du Chili ou une dictature de gauche comme celle du Nicaragua. Des différences de cruauté, bien sûr, de moyens, de tortures, mais, je regrette de le dire, une dictature, c'est une dictature. J'ai aussi découvert, même si cela me fait mal quelque part, que les fronts de libération nationale se transforment généralement en fronts d'oppression nationale, que les Américains ne commettent pas toujours des crimes contre l'humanité et que les Soviétiques finançaient le mouvement pacifiste que j'admirais tellement en Europe au début des années 80.

J'ai aussi découvert que les humains sont plus intéressants que les idées qu'ils défendent, qui ne sont souvent rien d'autre que des vêtements qu'on porte et, plus souvent qu'autrement, des vêtements qu'on n'a pas choisis, parce que le magasin du coin ne vendait qu'un seul modèle. Il est tentant pour le journaliste de décrire les uniformes, de limiter la vie collective à celle des partis qui parlent au nom de la communauté. Tentant parce que rassurant pour tout le monde. «Dans le coin gauche, portant le maillot rouge... dans le coin droit, portant le maillot bleu...» Il n'y a ni coins, ni carrés dans le monde, il n'y a que des cercles ou des formes diffuses.

À Jounieh, capitale du Liban chrétien, deux jeunes miliciens me racontaient comment ils avaient vécu le siège de Tall El Zaatar, un camp de Palestiniens qui disposaient d'un armement considérable. Ce fut un massacre dont beaucoup de chrétiens ont honte, malgré les excuses officielles.

— Tu sais, c'est la nuit que c'était le plus extraordinaire. On pouvait les tuer au son. Ils sortaient en criant comme des fous «Allah Akbar», «Dieu est grand», et on tirait. Quelques minutes et c'était fini.

Et l'autre d'ajouter, pensif...

— Effectivement, c'était complètement con, mais j'aimerais bien croire en Dieu autant qu'eux.

Nous mangions des rougets récoltés à la grenade, c'est tout ce que je sais et dont je suis certain. Mais régulièrement je me demande si mes amis chrétiens seraient mes amis si je leur mettais leur uniforme, si Joseph était heureux ou malheureux ou indifférent d'avoir tué au

son, si Walid qui aimerait croire en Dieu un peu plus
aurait survécu s'il n'avait pas tiré. Je me demande aussi
si les deux, qui étudiaient à Paris, auraient pu vivre au
Liban s'ils avaient refusé de combattre. Je me demande
si les Palestiniens qui invoquaient le nom d'Allah le faisaient par conviction ou par habitude culturelle. Je me le
demande encore aujourd'hui et, ce que je sais au moins,
c'est ceci: dire que plusieurs Palestiniens ont été tués par
des assiégeants chrétiens, c'est comme résumer un match
de hockey en donnant le résultat final.

7 OCTOBRE

L a campagne électorale n'est pas vraiment commencée,
mais déjà les libéraux québécois de prestige fuient le
navire en perdition. L'autre jour, c'était Serge Joyal,
hier, le président du parti, Michel Robert, mécontent
d'avoir à faire face à une opposition dans le comté qu'on
devait lui réserver. Ces gens-là veulent bien sauver le
Canada, mais à la condition que ce ne soit pas trop éreintant. Ils préfèrent s'installer sur la clôture et recueillir les
dépouilles. La politique est un univers où les absents
courent la chance de ne pas avoir tort. J'ai horreur de
cette mentalité calculatrice, cela me scandalise.

Je pratique un métier dangereux parce qu'il érode
plus souvent qu'autrement la capacité d'indignation, la
colère, la surprise. On pense trop souvent qu'il faut éviter les émotions, les haines et les amours et qu'il faut
vider les faits de leur jus pour en découvrir et en rapporter la vérité. L'indignation est une qualité essentielle
dans ce métier. L'indignation demande rageusement

«pourquoi?» et cherche la réponse avec passion. Je m'indigne et me scandalise encore aussi facilement qu'à 20 ans. C'est peut-être pour cela qu'une amie qui voulait écrire un livre sur le journalisme m'a demandé de lui expliquer, dans une lettre, ce qu'elle appelait ma «passion pour ce métier». Le mot «passion» me surprenait, m'intriguait, car je ne croyais plus avoir de passion pour ce métier. Je décidai de lui parler de la passion, avant de lui parler de celle qu'elle me prêtait.

«Qu'aimons-nous de la passion ? La folie, l'audace, l'imprudence, l'intransigeance, le suicide, la pureté, le sentiment de n'exister qu'en dehors de soi. Toutes ces choses font partie de la passion.»

On parle toujours de la passion comme d'un poids, comme d'une sorte de boulet qu'on traîne malgré soi. Pourtant, on n'a de passions que celles que l'on accepte et aime. Il n'y a pas d'accident dans la passion. Il n'y a pas de passion qui soit imposée. On est autant en amour avec sa passion qu'avec la source de sa passion. Et on l'entretient, même si elle nous fait prisonnier. De toute manière, une fois installée, la passion ne s'inquiète pas. Elle sait qu'elle fait partie du paysage, comme la pluie, le soleil et les cotisations syndicales. La passion agace, dérange ceux qui en sont témoins.

Les psychiatres et les amis recommandent généralement de surpasser la passion. Ils conseillent d'interdire les excès qu'entraîne la passion. C'est la solution la plus socialement acceptable. Les groupes d'amis, les lieux publics ont horreur des gens qui se promènent avec leur passion gravée sur le front comme un membre de la CSN avec sa pancarte.

La passion tue aussi. Elle tue les images de soi soigneusement entretenues comme des jardins français. Elle tue les faux-semblants, elle défait les maquillages, fripe les vêtements à la mode. Elle donne des cernes aux yeux du cœur et en révèle la profondeur. La passion n'a aucun rapport avec l'intelligence, ni avec les faits qu'organise l'intelligence comme une béquille organise la marche. L'intelligence, c'est la rouille de la passion. Quel menteur que celui qui prétend avoir une passion intelligente.

Être passionné par ce métier, c'est jouer avec le feu car c'est un métier qui se nourrit des passions des autres. Pour les cerner, il a tendance à les réduire, à les organiser, en fait à les vider. Pour être témoin permanent de la guerre, de la famine, de la mort, il faut réussir à établir une certaine distance, à mettre une glace entre l'enfant qui meurt et soi-même. Pour être mêlé quotidiennement aux jeux des grands et des puissants, aux manœuvres généralement frauduleuses que dicte la raison d'État, pour côtoyer les politiciens et maintenir cette sorte de relation incestueuse qui existe entre eux et le journaliste, il faut se transformer en bloc de glace ou en cynique que rien ne surprend. Je n'ai réussi à faire ni l'un, ni l'autre. Surviennent alors deux choses: incapable d'établir la distance, le journaliste qui manipule un monde hors de l'ordinaire trouve bien difficile de prendre au sérieux la peine ou la joie quotidienne de son entourage, les peines et les joies ordinaires. Celles des autres sont tellement plus énormes et tragiques. L'autre conséquence est aussi grave sinon plus: c'est l'illusion de faire partie de cette infime minorité qui fait l'histoire, de faire partie du monde du pouvoir et d'y avoir une certaine influence. À côté de ce sentiment de puissance, les exigences de la vaisselle ou du Noël en famille semblent banales et ridicules. Le journaliste qui met toute sa capacité de passion dans son métier dit en fait: «Vous ne comprendrez jamais, je fais partie d'un autre univers... et le vôtre est bien petit.»

Lors d'un Noël que j'ai passé à Beyrouth alors que je n'y étais pas vraiment obligé, sinon par la satisfaction douteuse de réaliser un reportage sur «Noël à Beyrouth», nous étions nombreux, journalistes de grands chemins, à nous étonner que le téléphone ne sonne pas. Il y avait bien des gens que nous croyions près de nous qui savaient, eux, que nous avions décidé d'être ailleurs. Nous étions les seuls à ne pas le savoir, convaincus faussement que c'était notre amour du métier qui justifiait ce déracinement temporaire. C'était bien plus l'amour du rôle, comme au théâtre, que l'amour de la fonction. Le problème de ce métier, quand il devient un absolu, c'est qu'on confond inévitablement les deux.

Il faut aimer ce métier car c'est un métier de privilégié, un métier qui nous paie pour apprendre à plein temps, mais il ne faut être passionné que pour sa femme, son homme, ses enfants. J'ai commencé à penser que je faisais bien ce métier le jour où j'ai accepté que ma passion n'avait qu'un objet: la femme que j'aimais, ma fille, mes amis. Avant d'assumer ma passion pour des gens que je connaissais, je me contentais d'exister à travers les émotions des autres, ceux que je croisais au hasard de l'actualité.

En même temps, j'ai découvert qu'il n'y avait de bon reportage que celui qu'on fait avec passion pour quelqu'un, quelqu'un qui n'est jamais dans le reportage et toujours à la maison. Ce que je veux dire, c'est qu'on ne travaille bien que lorsqu'on le fait pour des gens qui nous passionnent.

Officiellement, entend-on dans les congrès de la Fédération professionnelle des journalistes du Québec, nous sommes les yeux et les oreilles du public. Nous sommes ses représentants... comme les missionnaires sont les représentants de Dieu. Quelle fiction! Les journalistes sont des gens besogneux qui, la plupart du temps, n'ont pas choisi ce métier. Comme tout le monde au Québec, ils calculent leur temps supplémentaire avant d'accepter de travailler le dimanche, même si le sujet est passionnant. Parfois, le journaliste est saisi par l'inconnu; il ne souhaite, dans ces moments-là, qu'une chose: comprendre puis raconter l'inconnu à ceux qu'il aime.

Le travail devient alors magnifique, les mots précis, les images extraordinaires, le commentaire émouvant ou inquisiteur. Ce n'est plus le journaliste qui travaille, c'est l'amant qui prépare soigneusement la conversation qu'il aura sur l'oreiller. Jamais je n'aurais été capable de faire de bons reportages sur la famine en Éthiopie si je n'avais été nourri par la pensée de la femme que j'aimais. Souhaitons que tous les journalistes soient profondément amoureux.

La passion pour ce métier est encore plus dévorante lorsqu'on est une «vedette» de la télévision. Mes camarades ont beau me répéter qu'ils sont ennuyés par les gens qui les reconnaissent et qui violent parfois leur intimité, ce sont de beaux menteurs. Je ne connais pas beaucoup de vedettes de télévision qui choisissent systématiquement de manger dans des restaurants où personne ne les connaît. Pour faire de la télé, il faut être un peu putain et je ne connais pas de prostituée qui ne souhaite pas attirer l'attention quand elle fait le trottoir.

Non seulement faut-il être un peu putain, mais il faut aussi être comédien. Les grandes émissions d'affaires publiques entretiennent savamment l'illusion de la spontanéité, de l'instantanéité, alors que tout est rigoureusement construit et répété. J'ai passé plusieurs années à dire en plein milieu de la journée: «Eh bien c'est tout pour cette édition... Bonsoir.» Nous faisons semblant d'être en direct alors que nous enregistrons *Le Point* à 3 h 00 de l'après-midi le vendredi pour allonger la fin de semaine et plus souvent qu'autrement, nous jouons à faire croire que nous possédons à fond des dossiers alors que c'est complètement faux. Un animateur de télévision se condamne pour je ne sais trop quoi — le salaire, la gloire — à être le haut-parleur de ses recherchistes, personnes généralement féminines qui ne sont jamais invitées dans les partys de vrais journalistes. Ceux qui ne veulent pas utiliser de recherchistes ont très mauvaise réputation dans le milieu. Ce ne sont pas des joueurs d'équipe. Depuis quand un animateur oserait-il lire les dossiers lui-même?

Un autre péril guette celui qui se réfugie totalement dans ce métier: c'est l'illusion du pouvoir. Je me souviendrai toute ma vie d'une déclaration d'André Payette, quelques jours après qu'on l'eût sauvagement congédié du magazine *Le 60*. «Ces gens-là, avait-il dit, ont le pouvoir, moi j'ai la puissance.» Pauvre André, il n'avait pas encore compris, pas plus que moi à l'époque, que les animateurs sont des inventions, des créatures qui doivent posséder trois qualités essentielles: savoir lire un télé-souffleur, sourire en annonçant un tremblement de terre et cesser d'exister dès que le régisseur dit «out». Ils doivent aussi résoudre la quadrature du cercle en étant capables d'allier une grande expérience et d'être un nouveau visage. Seuls, ou presque, Pierre Nadeau et Bernard Derome ont réussi à ne pas être victimes de ce dilemme absurde qui transforme la télévision en vitrine dont il faut renouveler l'étalage à toutes les saisons.

Illusion du pouvoir à l'intérieur et aussi illusion du pouvoir dans la société, la télévision se satisfaisait de plus en plus de prendre note des changements ou de leur donner une quelconque légitimité.

C'est un peu pour cela que je ne suis plus passionné par ce métier mais plutôt par ce qu'il me fait découvrir, convaincu de plus que si on est incapable de se pencher avec générosité et curiosité sur la vie de nos proches, l'on est bien présomptueux de prétendre analyser l'âme d'une société.

9 OCTOBRE

J'ai relu les éditoriaux et commentaires des derniers jours et je suis fasciné, terrorisé, devrais-je dire, par notre capacité de création spontanée et d'adaptation au changement. C'est comme si nous refusions par principe d'avoir des générations de plus de 10 ans, des époques qui aient plus de 20 ans et une histoire qui ait plus de 50 ans.

Au Québec, nous avons eu le duplessisme, la Révolution tranquille, le PQ et l'après-PQ. En 40 ans, les Québécois furent successivement des porteurs d'eau et des nègres blancs, des bâtisseurs d'empire hydroélectrique et d'écoles nouvelles, des citoyens de la première société industrialisée à réclamer son indépendance et des citoyens de la première société industrialisée à ne plus réclamer son indépendance. C'est beaucoup en très peu de temps. C'est à peu près comme demander à quelqu'un de se marier et de divorcer quatre fois, de fonder quatre familles, de changer de milieu et d'emploi aussi souvent. Ou ça épuise, ou ça banalise drôlement.

Il y a 40 ans, nous étions tous des demeurés. Magiquement, nous sommes devenus des créateurs, des innovateurs marchant bravement vers le libre-échange, convaincus que le bonheur ressemble à un dollar américain et que notre petite société qui ne cesse de se prendre pour une grande société peut relever tous les défis. Notre isolement nous fait un nombril énorme. Il nous transforme en maître à penser à 30 ans et en retraité inutile à 45. Nous sommes des briquets jetables. Yves Michaud qui est beaucoup plus sage que le champagne qu'il vend maintenant et beaucoup plus sérieux que l'image qu'il a laissé créer de lui-même, m'a dit, lorsque j'ai commencé à un peu plus de 30 ans à écrire des éditoriaux pour *Le Jour*: «Je pense que tu es assez compétent et que tu te rendras compte à un certain moment que tu n'as encore rien à dire, sinon d'exprimer sincèrement et machinalement ta réaction aux événements.» J'aurais pu ajouter: «Comme dans les bars ou les tavernes.» Il avait raison. Non pas que l'intelligence ou la sagesse se mesure au nombre d'années, mais plutôt qu'un bon nombre d'années et d'expériences est nécessaires pour en avoir un peu.

Habitués que nous sommes à vivre à la vitesse du son, remplaçant nos croyances, nos amours et nos rêves comme on change d'emballage pour que le produit se vende mieux, nous sommes les spécialistes mondiaux de la fécondation *in vitro*. Un jour on est journaliste prometteur qui fait ses classes, le lendemain, on est éditorialiste en chef de *La Presse*, ou comme moi dans les années 60, spécialiste du Viêt-nam parce que j'étais le seul à lire et à apprendre par cœur le *New York Times*. Je n'étais jamais allé au Viêt-nam, je connaissais peu l'histoire de l'Indochine, mais j'avais assez de culot pour en parler et mes patrons étaient assez ridicules pour me laisser faire.

Ce genre d'aberration fait en sorte qu'on écrit dans des journaux sérieux sur les conservateurs québécois, comme s'ils constituaient un parti, une école de pensée, une coalition idéologique. Mais quiconque fait un peu ses devoirs et ne se laisse pas entraîner dans la fumisterie journalistique qui consiste à donner des étiquettes à des gens qui n'en ont pas, serait obligé d'écrire qu'il est impossible de faire confiance à une réunion accidentelle de personnes qui se déguisent en parti politique.

Les conservateurs n'ont jamais vraiment existé au Québec depuis la Deuxième Guerre mondiale. Leurs victoires ont toujours été des aberrations, victoires circonstancielles et de courte durée comme celle de Diefenbaker en 1958, victoire de vengeance nationaliste comme celle de Mulroney en 1984. Même durant ces périodes triomphantes, les conservateurs avaient moins de vrais militants convaincus que n'en a le NPD. La victoire de 58 était celle de Duplessis et le triomphe de Mulroney, la défaite des libéraux arrogants qui avaient oublié que les nationalistes québécois n'étaient pas tous morts lors du référendum.

Les journalistes et éditorialistes du Canada anglais ont une excuse. Il y existe un parti conservateur, des traditions, des courants, comme les «red tories». Ce parti a des héros, des personnages historiques, de John A. Mac-Donald à Joe Clark, en passant par Diefenbaker ou Stanfield. Mais le Parti conservateur québécois, c'est une fausse représentation, un lieu de rencontre temporaire où la présence d'un chef d'ici a entraîné la réunion de péquistes fatigués, de libéraux incapables de se trouver un comté, de petits organisateurs à la moralité douteuse et de groupies de la politique trop heureux de voir leur nom sur une pancarte et béatement surpris d'avoir été élus.

Quelques personnes de calibre se sont jointes à cette bande de pirates: Lucien Bouchard, Benoît Bouchard, Marcel Masse, Monique Landry. Mais, essentiellement, les conservateurs québécois, c'est le parti des «patenteux», des Gravel, Côté, Bissonnette, Lasalle, Corbeil. Ce sont des gens à qui on craindrait de confier ses économies, mais à qui nous remettons joyeusement toute l'économie. Il fut un temps où l'on préférait la moralité publique à d'hypothétiques gains économiques, un temps pas si lointain où quelques éditorialistes avaient assez de mémoire pour avoir des souvenirs.

Mais j'oubliais: nous ne sommes plus dans l'ère du Verseau, nous sommes dans l'ère des condos.

10 OCTOBRE

J'ai regardé hier *Le Grand jour* de Michel Tremblay à Radio-Canada. Avec ma fille qui est folle de Tremblay, nous nous attendions à un grand moment. Nous avions, au départ, tous les préjugés favorables au monde. Nous nous étions installés dans une sorte d'attente confortable et complice du bonheur. Quelle déception! quelle tristesse! Collage brouillon, catalogue cinématographique, complaisance morbide, numéros de comédiens, *Mondo Cane* d'un Québec qui n'a jamais existé. Je me suis empressé d'aller louer *A Wedding* de Robert Altman pour me réconcilier avec les mariages.

Je n'ai interviewé Tremblay qu'une fois. Après une représentation de *Hosannah* au Quat' Sous. Il m'avait expliqué que cette pièce magnifique était une sorte de témoignage politique sur la situation québécoise, sur le besoin d'appartenir, d'être reconnu et en même temps d'affirmer une tragique individualité, une différence irrémédiable.

Quelques années plus tôt, j'avais été troublé par la qualité des *Belles Sœurs*. Je craignais que la qualité de la pièce ne rende légitime et souhaitable le langage des personnages. Que notre besoin profond et exacerbé de nous affirmer comme Québécois, besoin que je partageais et que je partage encore, conduise certains d'entre nous à transformer en langue officielle une perversion du français qui n'existait qu'à Montréal et, encore, que dans mon quartier natal. Comme le personnage d'*Hosannah* qui se déguise en Cléopâtre pour à la fois nier l'ordinaire et affirmer la différence, nous risquions, pour symboliser notre indépendance et notre personnalité unique, de choisir le pire de nos défauts historiques, le joual montréalais, et de le transformer en étendard.

Durant toute cette époque, il y eut dans les milieux intellectuels, chez les jeunes nationalistes et chez les enseignants, une énorme erreur sur la personne. Nous n'étions pas colonisés par le français. Ce n'était pas cette langue, «étrangère» dans nos bouches, qui paralysait notre capacité de dire, c'était l'anglais que nous y mettions et surtout le manque d'habitude que nous avions de parler. Plus tard, on fit presque du «québécois» une langue. Sans l'enseigner à l'école, nos enseignants libérés la parlaient, disant implicitement, sinon ouvertement, que le français était une langue étrangère. Ce fut une période magnifique et glorieuse où le français parlé, c'est-à-dire le «montréalais du parc Lafontaine», était quasi langue d'enseignement, et le français, français, tout comme l'anglais, interdit d'enseignement.

Il arrive parfois que la volonté d'affirmation procède d'une telle insécurité qu'elle ne trouve comme voie que la réduction.

Le choix de la langue implique aussi celui de la culture, de cette sorte de mémoire généreuse qui permet de retrouver son âme ou celle des autres autant dans un livre de cuisine que dans les paroles des chansons. Encore faut-il être capable de les lire ou de les comprendre.

Durant cette période, une large partie de la population québécoise, une des plus engagées, s'est interdit sous prétexte de se nommer, de profiter des deux bases fondamentales de notre culture, de notre véritable originalité: notre appartenance à l'univers mental que charrient la langue française et notre enracinement profond dans le terrain nord-américain. Quelle chance, tellement rare dans notre monde, que de pouvoir intégrer des civilisations, de pouvoir tirer parti du meilleur de chacune, sans pour autant se diminuer. Aculturation, accusaient les indépendantistes joualisants de gauche, négation de notre âme profonde rajoutaient les milles psychiatres de notre psychose nationale qui tiennent tous encore des séances au *Devoir*... dans un français châtié. Quelle incroyable richesse que d'avoir comme amis et concitoyens Molière, Shakespeare et Gershwin, tout en aimant Tremblay, Dubé et Charlebois. Non, il fallait nous dire petits, rachitiques. Il fallait nous accepter maigres et pauvres et ce n'était qu'à travers cette catharsis du renoncement transformé en glorification que nous pouvions prétendre à l'existence, puis à l'épanouissement.

Tout cela n'est pas de la faute de Tremblay, mais Dieu qu'on a utilisé son discours apparent pour justifier le nombrilisme national.Il y avait un autre discours dans l'œuvre de Tremblay, une célébration tragique de la différence chez les êtres humains, un discours sur le droit à la différence... Ce discours n'a pas été enseigné à l'école. Nous serions plus riches et plus indépendants s'il l'avait été.

Ma première réaction, après la diffusion du *Grand Jour*, en a été une de colère. Jamais, si ce texte avait été signé par quelqu'un d'autre que Tremblay, Radio-Canada n'aurait accepté de dépenser les quelques centaines de milliers de dollars nécessaires à une telle production. Mais réflexion faite, c'est plutôt une sorte de tristesse qui m'habite. J'ai peur qu'il lui arrive la même chose qu'à un autre grand dramaturge québécois, Marcel Dubé: l'épuisement, dans le sens premier du puits vidé de son eau, mais dont la structure demeure comme souvenir.

Il y a eu une époque Dubé, puis une époque Tremblay. Chacun à leur manière et dans leur temps, ils ont mis à nu notre âme. Dubé parlait de cette partie de notre âme qui était emprisonnée par le corps collectif, la famille, la gang, la classe sociale. Tremblay, de cette autre partie de notre âme qui ne trouve pas de corps pour s'exprimer et qui choisit le dérisoire ou l'apparence pour exister. Chacun a fait son discours d'indépendance. Dubé, dans *Les Beaux Dimanches*, en faisant dire par Yves Létourneau qu'il était indépendantiste. Tremblay, en faisant dire par tous ses personnages qu'il est homosexuel.

Comme toute société, nous avons peu d'écrivains de cette trempe, mais ici, quand nous en trouvons un, nous lui demandons tellement et il est tenté de produire tellement qu'il risque de mourir faute de souffle. Nous l'entourons tellement de notre admiration affectueuse qu'il risque de ne plus se remettre en question. Peu de personnes ont plus que deux ou trois choses importantes à dire dans leur vie. Il est tentant, pour gagner sa vie ou pour avoir l'impression de continuer, de produire, d'accepter toutes les demandes et de s'étioler jusqu'à l'épuisement. Et cette dernière œuvre, tout comme *Le Cœur à découvert*, sent la commande et la fatigue.

12 OCTOBRE

Les conservateurs détiennent, dans les premiers sondages, une avance qui semble insurmontable. Ce pays serait-il, comme les cassettes de *Mission impossible*, capable de s'autodétruire en cinq secondes?

Les néo-démocrates sont bon deuxièmes. L'histoire ancienne risque de se répéter. Croyant encore une fois se rapprocher d'une victoire importante, les stratèges bien habillés du parti vont tenter de faire disparaître toute trace d'originalité, d'avant-gardisme, de radicalisme. Le NPD, quand il sent les votes, met le peu d'âme qui lui reste au tiroir, pour la retrouver dans la défaite.

Le raisonnement que font ces gens est simple. Le Canada a peur des idéologies, peur des extrêmes et des positions carrées. Le Canada est paresseux, il bouge lentement. Ils appliquent la même logique au Québec, même si nous sommes passés du Moyen-Âge à l'ère industrielle, puis de Robert Bourassa à René Lévesque à Robert Bourassa en criant ciseau.

Le NPD a des convictions intéressantes. Il est plutôt pacifiste, écologiste et social-démocrate... Entre les élections. Durant la campagne, il redevient un fidèle allié des États-Unis, oublie la social-démocratie sauf dans son soutien de la veuve et de l'orphelin, et, comme tous les autres partis, gueule contre les Américains qui tuent nos érables.

Son chef parle de probité avec la sincérité de ceux qui n'ont jamais eu à faire de choix. Il parle de transparence et des gens ordinaires. En fait, à force de vouloir calmer des peurs imaginaires, il endort. À force de vouloir minimiser ses différences, il devient comme les autres. Tant qu'à avoir un premier ministre qui ne veut rien bousculer, pourquoi ne pas choisir un candidat qui a déjà prouvé qu'il en était parfaitement capable?

Le NPD, à long terme, n'a qu'un choix, c'est celui de la passion. La passion pour le désarmement, celui du Canada en premier, la passion pour l'environnement, pour l'innovation. Mais il s'y refusera tant qu'il sera dirigé par de gentils pasteurs protestants.

Il y a place au Canada ou au Québec pour un parti «extrémiste», pour un parti de la passion et de la colère, un parti de la peur et de l'angoisse, un parti qui n'oublie pas que la majorité des Canadiens croient que les États-Unis sont plus dangereux pour la paix mondiale que l'Union soviétique.

Le Canada a besoin d'une armée, comme la Floride a besoin de gros sel pour rendre la chaussée moins glissante. D'ailleurs, peu de Canadiens comprennent pourquoi il nous faudrait des sous-marins nucléaires, des sous-marins ordinaires, des chasseurs bombardiers plus sophistiqués que ceux de l'aviation soviétique et des bases militaires en Europe. Le Canada pourrait fort bien s'engager progressivement dans la voie du désarmement unilatéral et du désengagement à l'égard de l'OTAN et du pacte de défense continental qui nous lie aux Américains. En termes d'efficacité dans le grand affrontement avec l'ours soviétique, notre participation est symbolique. Mais en termes d'engagements financiers, par rapport aux défis de la protection de l'environnement, notre acharnement à posséder une armée et des jouets coûteux pour l'occuper, est tout simplement ridicule.

S'il y a un pays qui peut se permettre de dire non à la guerre et oui à la planète, c'est bien le Canada. On serait surpris de l'appui qu'une telle position, articulée par un parti crédible, trouverait dans la population canadienne.

J'entends déjà les gens raisonnables et posés qualifier d'angélique et romantique cette proposition. C'est le discours de la raison et de la sagesse dominante qui nous a donné le colonialisme et ses séquelles, la Première Guerre mondiale et la Deuxième, l'Holocauste, Hiroshima et Nagasaki, la spoliation du Tiers-Monde, la guerre froide, le Viêt-nam, la destruction de la forêt tropicale de l'Amazonie, les pluies acides et Pierre Marcotte. Je préfère le langage de la déraison, celui de Gandhi et de son rouet, celui de Martin Luther King et de son rêve, celui du coopérant isolé qui réussit à arracher un bout de terre fertile au désert. C'est ce langage qui a toujours fait progresser les sociétés et ici autant qu'ailleurs, des millions de gens sont prêts à écouter des rêveurs déterminés et passionnés.

13 OCTOBRE

Marcel Adam, éditorialiste à *La Presse*, se plaint encore une fois du caractère débilitant de la télévision. Il fait partie de ces nostalgiques de la presse écrite qui lèvent le nez sur les journalistes de la télévision et qui attribuent à celle-ci une responsabilité plus ou moins directe dans presque tous les maux qui affligent la société moderne, du SIDA à la mauvaise qualité du français.

Ces nostalgiques du bon vieux temps soutiennent que la télévision, en privilégiant l'image plutôt que le contenu, l'apparence plutôt que l'âme, pervertit le processus électoral. La télévision aurait tué la démocratie. Comme si le fait que la télévision n'ait pas existé sous Duplessis et qu'il ait été surveillé par la presse écrite, avait rendu le processus électoral des années 40 et 50 plus démocratique qu'aujourd'hui et le discours des hommes politiques du temps moins démagogique. Il y a aussi des journalistes qui tuent le messager quand ils n'aiment pas la nouvelle.

Ce n'est pas la télévision qui sape le processus démocratique, ce sont les hommes politiques et leurs conseillers qui utilisent les forces et faiblesses de la télévision pour livrer un message tronqué et répétitif. Que les diffuseurs choisissent de jouer le jeu n'a la plupart du temps rien à faire avec le médium. Cela est dû à la timidité et à l'absence d'imagination des directions. «Dans le bon vieux temps», Duplessis se faisait photographier avec des curés pour montrer que le ciel était bleu et les amateurs de grands débats contradictoires clamaient que la presse écrite corrompait le processus démocratique en publiant cette photo. On pourrait ainsi remonter jusqu'à l'invention de la roue qui enragea les portefaix.

Ce qu'il faudrait déplorer plutôt, en même temps qu'étudier au lieu d'agiter des épouvantails trop faciles, ce sont les limites du journalisme que nous pratiquons.

Si nous avons de la difficulté à informer sur les enjeux fondamentaux, c'est que nous avons choisi d'adopter les modèles et la langue des hommes politiques. Nous avons choisi leurs codes et leurs symboles. En fait, autant dans la presse écrite que dans la presse électronique, nous avons adopté le discours du pouvoir, parce que nous sommes les porte-parole du pouvoir. Et quand je parle du pouvoir, je ne parle pas que des possédants, des exploitants, des capitalistes, des politiciens opportunistes, je parle aussi des centrales syndicales, des corps intermédiaires, je parle de ceux qui ont accès aux salles de rédaction parce qu'ils savent comment écrire un communiqué de presse ou parce qu'ils investissent beaucoup dans leurs relations personnelles avec les médias.

Je parle de ceux qui savent que les médias n'ont plus beaucoup de temps pour réfléchir et qui digèrent la vie pour eux, l'organisent, la présentent, l'interprètent et la nomment. Plus souvent qu'autrement, les journalistes font sans s'en rendre compte le bottin mondain des gens qui nous organisent.

Le choix du langage, c'est le choix de la culture. C'est aussi celui de l'information qui est véhiculée.

Incapables la plupart du temps de couvrir de l'intérieur les sommets de tout genre, qu'ils soient entre intervenants de Rimouski ou entre les grandes puissances, nous y allons quand même, nourrissant lecteurs et téléspectateurs de bribes d'information soigneusement filtrées et calculées. Nous parlons, tout comme les porte-parole officiels, de «rencontre fructueuse» ou d'«échanges constructifs». Les gens ont vraiment l'impression qu'il se passe des choses importantes alors que nous n'en savons strictement rien. Dans ces circonstances, notre fonction n'est pas d'informer, c'est presque impossible, mais autant dans la presse écrite que dans la presse électronique, c'est essentiellement de produire. Produire des pages ou des minutes d'émissions. Que jamais un sommet économique des pays industrialisés n'ait provoqué de changements notoires dans la marche de l'économie mondiale n'a aucune importance. Les journalistes y sont par centaines et deviennent propagandistes de l'événement. Le raisonnement est simple, mais il est faux: si les chefs d'État des pays les plus riches du monde se réunissent, c'est qu'ils ont des choses importantes à se dire. C'est faux, parce que les chefs d'État et les pays sont comme les gens; il leur arrive souvent de ne pas avoir envie de se parler ou de n'avoir rien à dire. On oublie parfois que nos dirigeants sont humains, c'est-à-dire fatigués, paresseux, jaloux, amoureux. Et nous, nous présentons le communiqué final comme une nouvelle importante, comme le résultat de ces conversations intenses entre les puissants, alors que nous savons fort bien que les grandes lignes du texte ont été déterminées bien avant le début de la rencontre. Quelque part, quand nous couvrons ces grands événements, nous choisissons d'être les fous des rois ou leurs servants de messe. Cela est vrai, à des degrés divers, de la couverture de toutes les grandes institutions politiques ou économiques. Le problème, c'est que beaucoup de gens prennent nos jeux et nos rites pour de l'information.

Quand on choisit le langage dominant, on choisit aussi de camoufler la réalité. Les gouvernements, pour se parler par-dessus nos têtes, ont développé un vocabulaire ésotérique qu'on appelle le langage de la diplomatie. C'est une sorte de politesse qui vise à donner des formes civilisées au mensonge, à la colère et à la haine.

Il arrive parfois que le Canada «déplore» un geste posé par la diplomatie américaine. Il pourrait aussi «regretter», «protester», «condamner» et «rappeler son ambassadeur pour consultation». C'est l'échelle Richter des émotions d'un gouvernement. Et c'est généralement en ces termes que nous rapportons la nouvelle.

Le Canada n'a pas la colère facile. Généralement, il «déplore». Par exemple, les excès commis par l'armée israélienne dans les territoires occupés. Le titre dans un journal: «Le Canada déplore les excès israéliens» n'a aucun rapport avec la réalité. Dans un tel cas, le ministre communique avec l'ambassadeur du pays visé et lui dit: «Cher ami, vous savez que notre gouvernement vous comprend et dans l'ensemble vous appuie. Vous pourriez peut-être faire plus attention, mais vous connaissez la situation mieux que nous. Vous comprendrez cependant qu'on nous critique beaucoup pour notre appui à votre pays. Les pressions sont fortes. Il nous faut dire quelque chose. Nous allons déplorer certains excès, sans critiquer la politique générale de votre gouvernement. Je crois que cela vous conviendra, n'est-ce pas? Bonne chance. Au revoir, cher ami.»

Et voilà comment l'adoption, par les journalistes, du langage codé du pouvoir pervertit l'information et travestit la réalité. Le lecteur moyen vous jurera dur comme fer le lendemain que le Canada est très mécontent... «C'est écrit dans le journal», dira-t-il à sa femme incrédule.

14 OCTOBRE

J'ai tellement parlé de ce que je n'aime pas dans la façon d'exercer ce métier qu'on aura pu avoir l'impression que je n'aime rien et que personne ne trouve grâce à mes yeux.

C'est peut-être une déformation de journaliste «politique» à qui on demande de n'aimer personne et qui pense toujours avoir comme mission sacrée de trouver le scandale honteux qui se cache dans chaque personnage politique. Pourtant, le journaliste rêve de parler de ses amours bien plus que de ses soupçons, de ses haines ou de ses méfiances.

Les journalistes les plus heureux et les moins «objectifs» sont les critiques et les journalistes sportifs. Ils sont payés pour découvrir et puis dire «J'aime» ou «Je n'aime pas». Mes moments les plus satisfaisants comme journaliste, outre ma découverte rédemptrice que le Québec était bien petit et bien jeune, et le monde bien grand et très vieux, je les ai connus au tout début, à *La Presse*, quand Gilles Marcotte, bon papa généreux, m'avait permis de laisser libre cours à mon amour pour le jazz. Puis au *Jour*, où, sous le couvert de l'anonymat, je me fis le plaisir incroyable d'écrire une chronique sportive intitulée «À moi, Jean-Maurice», expérience que je repris plus tard avec le vrai Jean-Maurice Bailly. Enfin, l'été dernier, retour à *La Presse*, le temps du Festival international de jazz.

À la télévision aussi, bien plus de plaisir à faire un portrait du boxeur Mario Cusson ou du groupe UZEB, qu'à jouer au personnage intelligent devisant théoriquement sur l'union monétaire dans l'hypothèse de la souveraineté-association.

Quand on travaille dans ces domaines sans conséquences pour les rédacteurs en chef sérieux et les ordinateurs radio-canadiens, on peut laisser fleurir sa passion pour la musique ou le soccer. On peut commencer une entrevue avec un écrivain en disant tout de go: «J'aime Michel Tremblay...» Imaginez Simon Durivage commençant une entrevue avec Jean Chrétien et disant: «M. Chrétien est mon politicien préféré...» Cas de chaise électrique. Il y a dans le journalisme traditionnel une telle désincarnation, une telle distanciation, qu'on a parfois l'impression que les journalistes sont des machines à produire des émissions ou des articles, comme d'autres produisent des Joe-Louis. Ce n'est pas toujours une fausse impression.

Mais dans toute cette grisaille où la sécurité d'emploi et les ateliers quasi fermés sont pour beaucoup, il y a des gens que j'admire ou que j'aime et parfois, les deux. À bien y penser, ils ont tous en commun une chose: ils n'ont pas d'église, ni de chapelle, ils sont seuls, c'est-à-dire qu'ils ne sont jamais vraiment d'un seul lieu, d'une seule culture ou d'un seul intérêt. Ils n'ont pas de préjugés, ils possèdent le don essentiel de la curiosité et quand ils ne l'ont pas pour un domaine en particulier, ils encouragent celle des autres.

Le premier, celui à qui je dois le plus, c'est Jean-V. Dufresne, parce qu'il a écrit un jour à propos de Lester Pearson, dans le très sérieux *Devoir*: «Heureux comme un chat qui vient de bouffer un canari, le premier ministre Pearson a déclaré...» et aussi, parce que plus il découvre, plus il se rend compte qu'il ne sait encore rien.

C'est Paul-André Comeau quand il était à Bruxelles. Il persistait dans l'humour et la passion pour les dossiers compliqués, même s'il savait que ses patrons de Radio-Canada avaient cela en horreur.

Toujours dans mon ancienne maison, la sainte Flanelle de l'information, j'admire la dévorante conscience professionnelle qui anime Bernard Derome. Jean-François Lépine qui a mis des grandes parties de la Chine à la portée des plus ignorants. Marc Renaud qui est aussi responsable que moi de la qualité des reportages du *Point* sur l'Éthiopie, parce qu'il est un des seuls réalisateurs que je connaisse à ne pas se prendre pour un journaliste même s'il est très bon journaliste. Daniel Pinard

qui, libéré du carcan des affaires publiques, peut maintenant nous faire partager durant *La Grande Visite* sa
passion pour le beau et les émotions.

Et puis, il y a Louis Martin dont l'honnêteté intellectuelle et le calme me fascinent toujours.

Encore une fois, ailleurs, Pierre Nadeau. Parce qu'il
persévère, bien qu'il nous parle toujours de son départ,
et pour son incomparable métier d'animateur.

Girerd le génial, le meilleur de nous tous, par son
talent bien sûr, mais aussi parce que libéré des mots,
c'est-à-dire des codes journalistiques, il dispose d'une
liberté quasi totale, et parce qu'il n'en abuse jamais.

Michel Roy pour sa patiente passion à me parler
encore de sujets qui ne me touchent plus beaucoup, mais
dont on doit parler, comme le lac Meech ou la clause
nonobstant.

Reine Malo, parce qu'elle aime ce qu'elle fait et que
ça paraît.

L'équipe de *Montréal ce soir* qui prouve chaque
jour que libérés des grands penseurs de Radio-Canada,
on peut faire de l'information sérieuse, vivante et déten-
due.

L'ouverture culturelle de Bruno Dostie et de Mario
Roy à *La Presse*, qui ont compris que si on voulait en-
courager la création, ce n'était pas en y mettant un grand
C comme dans Cours Classique.

The Journal à CBC, parce qu'on pourrait faire aussi
bien... «si on se grouillait le cul», comme disait Charlebois.

Jean-Maurice Bailly, parce qu'il a toujours été mal à
l'aise dans le rôle de vendeur de commerce à la solde du
sport professionnel, rôle qu'on demande de jouer aux
animateurs sportifs, et parce qu'il a toujours eu l'en-
thousiasme d'un enfant.

Claude Ryan, parce que lorsqu'il était éditorialiste au *Devoir*, il allait sur le terrain plus souvent que beaucoup de ses journalistes.

Le Journal de Montréal (sauf la section des sports qui est la pire à Montréal), parce qu'on ne s'y prend pas au sérieux, et parce que oui, moi aussi, même quand j'étais à Radio-Canada, ça m'intéressait de savoir qu'il y avait des crimes à Montréal et que Pierre Marcotte passait de Télé-Métropole à Quatre Saisons.

Il y en a d'autres, j'ai nommé les principaux. Chacun à leur façon, ils m'ont apporté ou m'apportent encore quelque chose. On me pardonnera cette parenthèse, mais c'est probablement la seule occasion que j'aurai dans ma vie de leur dire merci publiquement. Et dans ce métier où les egos sont énormes, on est trop souvent économe de compliments.

16 OCTOBRE

Petit instantané d'une société: 60% des Québécois disent qu'ils ne sont peu ou pas du tout renseignés sur le libre-échange, mais ils voteront quand même conservateur. Nous avons choisi le mode tribal pour nous protéger et nous continuons. Pour élire quelqu'un de chez-nous, peu importe dans quelle galère il nous embarque, nous sommes prêts à défier toutes les logiques: Trudeau et Lévesque en même temps et aujourd'hui Mulroney même s'il fait plus de fautes de français que Turner.

Les politicologues ne cessent de répéter que c'est la preuve que l'électeur québécois est raffiné et qu'il se livre à un savant calcul d'équilibre. L'électeur québécois n'est pas raffiné, il se comporte tout simplement comme les Tutsis et les Hutus, prêts à massacrer n'importe quel membre de l'autre tribu. C'est un des défauts du nationalisme qui n'a pas atteint la maturité: il ne prête intelligence ou compassion qu'à ses semblables. Dans une élection fédérale, ça limite le nombre d'amis.

De toute manière, l'âme québécoise est monopolisée aujourd'hui par un dilemme tel que le cabinet Bourassa y a consacré autant de temps, sinon plus, qu'à la loi 101 et à la réforme de l'aide sociale. Ouvrir ou ne pas ouvrir le dimanche, telle est la question qui fait trembler les ministres, fait les manchettes et menace, dixit un leader syndical, de faire de notre société une société inhumaine. On a les émotions qu'on peut.

17 OCTOBRE

L e Canada est une des sociétés les plus démocratiques au monde. En théorie, c'est vrai. Système parlementaire, financement des partis, séparation des pouvoirs, indépendance des sociétés de la Couronne comme Radio-Canada, Charte des droits, Loi d'accès à l'information, indépendance des juges, etc. La panoplie démocratique est impressionnante. Dans une certaine mesure, nous sommes même exemplaires.

À gauche, on me rétorquera que le pouvoir économique, lui, n'est pas démocratique et qu'il contrôle et détourne le processus démocratique. C'est en partie vrai, mais il n'en demeure pas moins que nous avons les outils démocratiques pour mettre au pas le pouvoir capitaliste et que, jusqu'ici, nous avons choisi de ne pas le faire. Les socialistes ont pris le pouvoir en France à l'intérieur d'une société démocratique où la concentration économique était comparable à celle que nous connaissons.

On oublie trop souvent cependant que ce ne sont pas les structures qui font la démocratie, elles n'en garantissent que la pratique. Ce sont les citoyens qui font la démocratie et sa qualité, en utilisant plus ou moins les instruments disponibles.

Une étude sur les démocraties occidentales, publiée aujourd'hui, vient nous rappeler que nous avons peu de raisons de pavoiser. Les Canadiens sont parmi les démocrates les plus paresseux du monde. Sur 28 pays démocratiques recensés, le Canada vient au 23e rang pour ce qui est de la participation aux élections. Ce sont les États-Unis qui sont bons derniers, comme d'ailleurs dans tous les domaines qui caractérisent les sociétés démocratiques modernes.

Plus troublantes encore sont les statistiques sur la répartition par groupes d'âges des votants. Chez les Canadiens âgés de plus de 65 ans, le taux de participation est de 90%. Par contre, chez les 18-29, la participation n'atteint que 32%.

Cette sous-représentation dramatique des jeunes explique en partie le fossé que l'on constate régulièrement entre les positions des gouvernements et la société qui nous entoure, entre les lois et la réalité qu'elles prétendent encadrer et réglementer. Les gouvernements font rarement des lois qui tiennent compte de l'opinion des gens qui, de toute manière, ne votent pas ou ne s'expriment pas. Les gouvernements, d'ailleurs, seraient souvent très heureux de ne pas légiférer. C'est compliqué et ça demande parfois du courage.

Si les jeunes, les marginaux et les dépossédés ne votent pas, ou votent Rhinocéros, on voit mal pourquoi les gouvernements, qui ne sont pas des institutions de bienfaisance, s'obligeraient à tenir compte de leurs aspirations...même si elles sont connues. La très grande majorité des jeunes de 18 à 29 ans est favorable à la liberté de choix pour l'avortement, elle est aussi pacifiste et scandalisée par l'inconscience des aînés qui jouent avec leur avenir comme on joue à la pelote basque. Ces préoccupations chez nos gouvernants représentent un poids proportionnel à la faible participation des jeunes à l'expression politique traditionnelle. Les gens âgés votent et leurs opinions conservatrices ont une grande influence.

Il y a un aspect dérisoire au geste solitaire du vote. Une toute petite croix dans une mer de croix. C'est pourtant avec des petites croix qu'on est passés presque magiquement du duplessisme à la normalité et de Robert Bourassa à René Lévesque.

Il est bien difficile cependant de s'endormir sur sa bonne conscience et de se dire que les jeunes n'ont que ce qu'ils méritent. On leur reproche actuellement leur manque d'engagement, leur égocentrisme, une certaine forme d'hédonisme. Ils n'ont pas comme nous, entendons-nous dire, de projet collectif, de conscience sociale. Ils se perdent dans le culte de l'individu.

Ils sont enfants des polyvalentes et des Cégeps, enfants des réformes, cobayes d'un laboratoire qui n'avait pas les moyens de ses ambitions. On leur a promis l'indépendance, on leur a donné le référendum, on leur a promis la connaissance et la compétence, on leur a donné la CEQ. On les a épuisés d'espoirs et de rêves, puis on leur a légué une petite société «ben ordinaire». Ils ont choisi d'en rire. Ils se sont installés dans le dérisoire et l'instant. La popularité à la fois justifiée et «surnaturelle» de la Ligue nationale d'improvisation, de Ding et

Dong, de *Broue*, de *Samedi de rire*, le foisonnement des comiques, ne sont pas des accidents. Le rire est autant un refuge qu'une accusation. Le rire précède le désespoir ou la colère.

Il y a 20 ans, les jeunes avaient la liberté d'imaginer de grands projets et l'impression de bâtir une société nouvelle. Ils vivent aujourd'hui dans une société qui est toute bâtie, structurée. Ils ont bien de la difficulté à trouver la condition québécoise tragique et maintenant qu'ils connaissent tous les nègres de la terre, ils ne croient pas que nous soyons des «nègres blancs».

La quête du bonheur collectif a fait illusion. Ils recherchent des bonheurs quotidiens et individuels, de ceux qu'on peut se donner et qu'on peut contrôler. Ils savent que c'est petit ici et qu'il n'y a aucune honte à emprunter. Ils se font de belles salades avec des fruits exotiques, ils dessinent des vêtements qu'on pourrait acheter à Rome, ils se meublent design italien fabriqué en Beauce. Ils se bichonnent, ils s'étonnent et prennent leur temps avant d'accepter de rejoindre un groupe ou d'aller voter. Politiquement, leur absence m'attriste, car elle crée un faux paysage et une démocratie tronquée. Je serais bien mal venu de leur en faire reproche, faisant partie de cette génération qui avait beaucoup de temps pour rêver du Québec parfait, mais bien peu pour rêver avec ses enfants.

19 OCTOBRE

Les médias se complaisent de plus en plus dans le monde de la notation éphémère, de la sensibilité facile et des impressions fugaces. Chaque journée est une histoire qui n'a ni passé, ni lendemain. Tout existe quelques instants et comme disait Warhol, «chacun peut devenir célèbre durant 15 secondes».

Les hiboux de l'écrit s'épuisent en «collaborations spéciales» pour nous dire que la télévision est seule et unique responsable de cette progressive disparition de la recherche et de la réflexion. Notre société n'est pas une créature de la télévision. Celle-ci, comme la presse écrite, n'en est qu'un miroir plus ou moins déformant et parfois un microscope mal ajusté.

Il y a 30 ans, les choix sur lesquels nous ressentions le besoin d'être informés étaient relativement simples. Voter bleu ou rouge, étudier ou travailler, se marier ou entrer en religion, développer ou conserver. Les équations étaient plutôt faciles, les inconnues étant peu nombreuses. Depuis, les équations sont devenues plus complexes. Elles n'annoncent même pas toutes leurs inconnues. Elles en gardent en réserve, au cas où nous tomberions dans les pièges que tend la certitude.

Aujourd'hui, on peut voter Rhinocéros, on peut et souvent on doit étudier et travailler, puis travailler et étudier, on peut entrer en religion puis se marier, on peut faire l'amour avec 100 maladies et découvrir du poison dans des murs isolés avec des subventions gouvernementales. On peut et on doit développer tout en conservant. On se méfie de la pluie, et les petits feux de forêt allumés par des paysans au Brésil sont peut-être plus déterminants pour l'avenir de mon jardin que toutes les sages décisions que prendra l'inestimable politicien qu'est Clifford Lincoln.

Face à cette croissance exponentielle des données et des problèmes, les médias ont choisi de prendre note, d'enregistrer et de mentionner, mettant sur le même pied le baptême d'un crevettier par un ministre et la découverte d'une anomalie génétique chez les schizophrènes, renvoyant du même coup Sigmund Freud sur son divan.

Rien de tout cela ne nous est caché, au contraire. Pas un jour sans qu'une dioxine en cavale ne fasse la manchette, pas une heure de télévision sans que nous soyons gavés du dernier remède miracle, de trois mères Thérésa kidnappées quelque part, d'un nouveau règlement sur l'épaisseur des condoms, d'une fermeture d'usine qui fait des profits et d'un massacre odieux dans un pays dont on ne sait s'il est d'Asie ou d'Afrique. C'est l'avalanche et, selon les images ou les agences, selon le sang qu'on voit bien ou qu'on voit mal, cela nous vaudra 30 secondes ou une minute, un titre sur quatre colonnes ou 10 lignes entre Radio Shack et Le Père du Meuble. Nous avons pris le parti de parler de tout, c'est-à-dire de rien. Et si, par malheur, la santé vous intéresse, vous apprendrez rien sur tout en suivant les conseils de Marguerite ou ceux de ces gentils médecins et atroces comédiens que Radio-Canada a engagés pour vous servir, agrémentés de leur appellation scientifique, les cataplasmes de nos grands-mères.

Actuellement, trois baleines emprisonnées par les glaces font la lutte au libre-échange et à la révolte palestinienne. Dans ce combat sans merci qui se déroule dans les salles de rédaction, les baleines remportent victoire sur victoire. Même *Le Devoir* les a sanctifiées en leur ouvrant la première page. Les baleines de l'Alaska nous redonnent foi dans la bonté de l'espèce humaine, leurs apparitions miraculeuses dans les trous taillés par des Inuits héroïques nous disent chaque jour que nous sommes beaux. Nous avons besoin d'être rassurés sur nous-mêmes, au point d'empêcher tous les présentateurs de baleines de nous rappeler aussi que les Japonais s'en farcissent mille par année... et qu'une fois celles-là libérées de leurs glaces et de leurs sudistes voyeurs, elles mourront peut-être, victimes de cousins inuits qui n'étaient pas au courant que ces mammifères étaient saints.

La croissante complexité des informations et des choix a entraîné deux types de réaction chez les pourvoyeurs d'information: l'illusion scientifique ou la vulgarisation décadente.

L'illusion scientifique est celle qui nous a fait adopter les codes et les mots des spécialistes, comme les économistes ou les fiscalistes. Notre fonction est de décoder, de percer la muraille des statistiques. Dans ce monde, une économie fonctionne bien — sous-entendu, nous rend heureux — quand le PNB, le revenu per capita, la productivité et les emplois augmentent. Cette description de la prospérité sous-entend aussi qu'un point de PNB fait le bonheur de tous et qu'un emploi est un emploi. Quand on explique froidement et logiquement à un ébéniste que l'emploi qu'il perdra à cause du libre-échange sera largement compensé par l'emploi plus rémunérateur qu'il trouvera sur une chaîne de montage à 50 kilomètres de chez lui, l'ébéniste a plutôt l'impression qu'on lui vole un emploi et qu'on le console avec une «job», qu'on le prive d'un métier pour lui donner un numéro, un emploi qui n'est pas un emploi. Quand les journalistes économiques nous parlent de la mobilité nécessaire de la main-d'œuvre, ils transfèrent une information d'une banque de données à une autre. Leur modèle économétrique sophistiqué ne l'est cependant pas assez pour leur montrer et nous dire l'effet de ce simple transfert sur le paysage. Combien de petits villages n'ont plus de cantine ou de snack-bar parce que les petites boutiques du coin ont fermé et que leurs employés mobiles sont partis travailler à la ville? Ils rentrent aussi trop tard pour aller causer devant le «garage» et ont moins de temps pour planter des fleurs. La municipalité de paroisse n'a plus assez d'argent pour terminer l'aménagement du terrain de jeu et les touristes ne s'arrêtent plus parce que le village, auparavant si accueillant, semble maintenant inhabité. Pourtant, il n'y a pas plus de chômeurs et le revenu de chacun des habitants a peut-être augmenté. Ils vont donc prendre leurs vacances à Ogunquit et l'été, personne ne tond les pelouses.

Quand on nous parle dans les journaux de libre-échange, de rationalisation économique, c'est du paysage et de pelouses qu'on nous parle. On nous dit surtout sans nous le dire qu'il faudra, pour être aussi forts, vivre comme les Américains. L'information spécialisée, c'est comme le langage du médecin qui explique une amputation: ce n'est pas plus compliqué qu'une appendicectomie.

L'autre attitude, c'est la vulgarisation décadente. Elle va généralement de pair avec le «si c'est sérieux, ce n'est pas intéressant». Cette approche, on la retrouve dans les médiocres «talk-shows culturels d'été» où, «pour faire nouveau», des cartes de mode souriantes et des danseurs à claquettes vous font passer pour des demeurés si vous persistez encore à croire que tous les politiciens ne sont pas des bouffons et que Nathalie Simard n'est pas nécessairement la bonne personne à inviter pour parler du *Messie* de Haendel.

Télévision Quatre Saisons, absurde création des bureaucrates du CRTC, a poussé la vulgarisation décadente à de tels sommets qu'on peut parler sans crainte de triomphe de la vulgarité et de la petitesse. La seule personne sérieuse qui ait jamais travaillé à TQS est Gaston L'Heureux, qu'on remercia rapidement parce qu'il était trop intellectuel. Gaston n'en est pas encore revenu.

Résolument de son époque, celle des briquets et des couches jetables, Quatre Saisons a inventé la télévision et les animateurs jetables ou recyclables. C'est selon le cachet.

Le raisonnement qui gouverne la programmation de Quatre Saisons est d'une simplicité et d'une franchise brutales. Il y a dans toute société environ 10% de la population qui est illettrée, ignorante, abandonnée et malheureuse, il faut leur donner une programmation à leur mesure.

L'information posait problème. Cela coûte cher au début et prend du temps à devenir rentable. De plus, pour se créer une niche, il fallait affirmer son originalité. On engagea une sympathique bande de finissants de Cégep en leur demandant de devenir caméramen, monteurs, scénaristes, réalisateurs, chauffeurs, secrétaires, recherchistes, météorologues, vendeurs de lits d'eau et, dans leurs temps libres, journalistes. On inventa la formule du «si c'est grave, on en parlera peut-être à la fin et si c'est compliqué comme une élection fédérale, on essaiera de vous montrer Guy Lafleur lors de son retour au Forum». La formule survit, elle me permet d'apprendre avant tout le monde qu'un chauffeur d'autobus a stationné en double au coin de l'avenue du Parc et Jean-Talon, parce qu'il a vu Serge Laprade arriver à Quatre Saisons. On me dira que je porte ces accusations parce que la télévision gobe-sous de M. Pouliot a refusé mes offres de services. C'est vrai. Le directeur de l'information me répondit qu'il cherchait des «journalistes sans expérience» qui pourraient réinventer l'information. Ils ont d'ailleurs parfaitement réussi en inventant de toute pièce de l'information sensationnaliste et misérabiliste à *Caméra 88* et *SOS Télé*, véritables parcs Belmont humains qui à travers d'horribles reconstitutions et mises en scène font la chronique honteuse mais rentable de toutes nos petites tares.

Ce qui me terrifie, c'est que j'ai vu récemment un placard publicitaire de TQS qui annonçait fièrement: «Le pire est à venir».

Pour prouver que rien n'est compliqué, on appliqua la théorie de la polyvalence à toutes les vedettes maison. De telle sorte que rassuré, parce que je la vois tous les jours, je peux entendre parler la jolie Marguerite de Métro et de ménopause, de littérature et de sans-logis, de cocaïne et de tisane. Quand le sujet est vraiment trop compliqué, elle peut faire appel à Claude Jasmin qui nous entretiendra sérieusement du divan de Freud, de l'antisémitisme et de ses problèmes sexuels, tout en n'oubliant jamais sa «compagne» qui elle aussi a des idées sur tout cela. Jasmin étant une mine de renseignements inépuisable, il demeure dans le même studio pour, quelques heures plus tard, faire de la critique de télévision ou des blagues sur sa carrière avec les collégiens de *100 limites*. Quatre-Saisons est le chef de file du «1$ l'émission, trois émissions pour 2$».

À la polyvalence s'ajoute le commercial permanent. *Les Carnets de Louise*, *Look 88* sont des bons de commande télévisés pour les commerces qui y sont mentionnés.

Il y a enfin les émissions qu'on achète au poids de la cassette: *Les Pierrafeu*, *La Sœur volante*, *Le Vagabond*, *Jinny*, *La Petite Maison dans la prairie*, etc. Et pour prouver que rien n'est impossible, TQS diffuse encore le dimanche l'émission de Jimmy Swaggart, ce télé-évangéliste américain qui a été expulsé de son église pour avoir eu des rapports plus que déviants avec une prostituée.

Tout cela ne serait pas tragique si l'apparition de cette nouvelle chaîne, comme on le prévoyait au CRTC, avait forcé les télévisions concurrentes à améliorer leurs propres productions. C'est exactement le contraire qui s'est produit et les baleines prennent de plus en plus de place sur nos écrans.

Heureusement que pour les gens normaux, il y a *Sœur Angèle* et *Action-Réaction*, à Quatre Saisons.

20 OCTOBRE

Un titre aujourd'hui, dans *La Presse*, m'a fait hurler de satisfaction intellectuelle et de désespoir pratique. «Pédagogues et architectes ont compris: fini les polyvalentes monstres et sans fenêtres.» Cela nous a pris 20 ans pour comprendre que les adolescents sont trop jeunes pour l'usine. Il est cependant un peu tard pour s'en rendre compte, on ne construit plus d'écoles secondaires.

De toutes les chimères providentielles et égalitaristes de la Révolution tranquille, le système scolaire est de loin la plus monstrueuse. Le secondaire et le collégial québécois sont des crimes contre l'humanité et devraient être dénoncés comme tels en vertu de la Charte des droits de la personne.

Clarifions d'entrée certaines choses. Troupier aveugle de la phalange planificatrice, je fus dans les années 60 un ardent partisan de la régionalisation scolaire, des autobus jaunes, des polyvalentes modernes et de la négociation provinciale pour les syndicats d'enseignants. Malgré un désenchantement rapide, j'ai quand même inscrit ma fille à l'école publique et elle y termine aujourd'hui son secondaire 5. De plus, s'il n'en tient qu'à moi, elle ne fréquentera jamais le secteur privé, ne serait-ce que parce que l'école publique est, pour le meilleur et pour le pire, l'école de notre société et que je ne souhaite pas qu'en mettant le pied dans la rue, ma fille se retrouve dans un pays inconnu ou qu'on lui a appris à mépriser. Au Collège Stanislas, il y a des enfants québécois normaux qui n'ont jamais entendu l'expression «j'ai mon voyage».

D'autre part, je trouve aberrant que sous le fallacieux prétexte du libre choix, l'État subventionne les écoles privées. C'est du détournement de fonds. Pour tout dire, s'il devait exister des écoles privées, elles devraient être réservées aux enfants que le secteur public jette sur la voie d'évitement, à ceux qui ont des difficultés d'apprentissage, à ceux dont les parents ne savent pas lire, à ceux qui ont un véritable besoin des prétendues «qualités» de l'école privée. Quant aux enfants de professionnels, de ministres, d'enseignants et de socio-démocrates à tout crin qui constituent le gros de la clientèle du secteur privé, leur environnement social et familial leur permettrait de se débrouiller fort bien avec le vide académique et humain du secteur public.

Une seule chose mérite d'être défendue à propos du secteur scolaire public, c'est son existence. Et si celle-ci semble nous mener vers un cul-de-sac, consolons-nous en nous rappelant que nous avons, de gauche et de droite, unanimement choisi cet échec.

Voilà pour mes préjugés personnels qui durant plusieurs années ne furent en fait que des intuitions théoriques qui ne méritaient qu'une mention distraite dans une conversation de passage. Ces intuitions firent plus tard place à une sorte de colère désespérée. Encore une fois mon métier vint détruire des certitudes de jeunesse. Il y a quelques années, j'ai passé plusieurs mois à préparer en compagnie de deux journalistes exceptionnels, Michelle Paré et Michel Beaulieu, un dossier sur l'école secondaire publique. Après six mois de recherches et de tournages, après des dizaines et des dizaines d'entre-vues, de rencontres et de consultations, nous donnâmes un titre à ce dossier qui jusque-là n'en avait pas. Ce fut «Une école bien secondaire». Ce dossier nous valut une mise en demeure courroucée de l'Alliance des professeurs de Montréal qui, féminisme oblige, s'appelle maintenant l'Alliance des professeures et professeurs de Montréal. On nous menaçait de porter plainte devant le Conseil de presse, entre autres, parce que nous avions révélé que la majorité des enseignants du secteur public envoyaient leurs enfants dans des écoles secondaires privées. Leur enseignement n'était pas assez bon pour leurs propres enfants. Mis au courant que nous avions trouvé cette information dans un sondage privé effectué par son propre syndicat, le président de l'époque, Rodrigue Dubé, avait magiquement oublié la lettre indignée qu'il avait fait parvenir à Radio-Canada.

Depuis, ma fille est entrée dans cette école qui m'avait désespéré. Mes contacts avec l'école et surtout mes conversations avec Anne-Marie m'ont convaincu que la situation ne s'était pas améliorée et que son école demeurait toujours une «école bien secondaire».

La clé du problème est relativement simple: l'école n'est plus l'École. Les enseignants n'enseignent plus mais remplissent des tâches, les parents ont démissionné, les administrateurs et le ministère ronronnent. Seule la fonction d'élève n'a pas changé. Ils doivent toujours apprendre. Ils sont finalement la quantité négligeable. Comme me disait un directeur d'école secondaire: «La seule école qui puisse bien fonctionner aujourd'hui est une école dans laquelle il n'y a pas d'élèves.»

On se prend parfois encore à rêver de l'École, celle où les groupes d'élèves se suivaient, presque intacts, de la première à la septième, puis jusqu'à la douzième, l'école dont les enseignants habitaient tous le quartier, l'école dont on craignait le «principal» pour la bonne raison qu'on le rencontrait un peu trop souvent et qu'il n'avait pas suivi des cours de perfectionnement en sexologie de l'adolescence. Cette école est morte. Aussi bien en faire son deuil. Ce n'est cependant pas parce qu'il est impossible de faire revivre le passé qu'il faut nécessairement poursuivre la fuite en avant.

L'école secondaire s'est transformée en industrie robotisée. On lui demande d'ouvrir en septembre et de fermer en juin. Le reste est accidentel. Depuis 20 ans, les enseignants, les parents et les élèves ont navigué péniblement dans les réformes pour les réformes, dans les nouveaux programmes et les programmes amendés, dans les certificats de perfectionnement inutiles et surtout dans les négociations collectives.

Tous les experts ne cessent de le clamer, l'école secondaire publique est une faillite. Elle est là, mais on ne sait plus trop bien à quoi elle sert, ni même en fait pourquoi nous l'avons faite ainsi.

L'école secondaire, c'est l'endroit où la société fait un premier tri injuste entre les faibles et les forts. C'est là que les élèves un peu lents du primaire deviennent des analphabètes fonctionnels sans même que leurs professeurs ne le sachent. C'est là qu'origine sociale, choix arbitraire de gestion, méthodes fumeuses, normes et bureaucraties se combinent pour transformer, sans qu'ils le sachent, un poète de talent en manœuvre, et un petit poli sans imagination en médecin.

Le secondaire, c'est encore plus. Pour près des deux tiers des jeunes Québécois, le secondaire est terminal. La polyvalente, c'est l'université de la majorité de la population.

Le secondaire, en fait, n'a pas le temps d'être une école parce qu'il est trop occupé à remplir d'autres fonctions qui normalement ne devraient pas être les siennes. Car l'école secondaire, c'est aussi et beaucoup une grande garderie qui n'a pas de moyens, un lieu d'apprentissage de la société, de la violence et de la sexualité. C'est un laboratoire pédagogique où les intervenants n'ont ni méthode de recherche, ni objectif commun. Il y a quelques années, le Conseil supérieur de l'éducation disait que le secondaire était une usine pédagogiquement et socialement non rentable. C'est une sorte de SIDBEC de l'éducation, un complexe industriel en faillite où 50% des produits — ce sont malheureusement des humains — ne passent pas les tests de contrôle de la qualité et sont rejetés comme défectueux.

Les enseignants savent tout cela. Mais ils vieillissent et sont confortables sinon heureux. Ils vont de stress en burn-out, de démotivation en déprime. Enseigner n'est plus une profession, mais au mieux un gagne-pain assez bien rémunéré. Aussi déprimés que les élèves qu'ils ont renoncé à impressionner, ils se sont repliés dans la torpeur de leur contrat collectif.

Plus perdus encore que les élèves et les enseignants: les parents de la polyvalente. On leur a demandé de contribuer de leurs impôts et ils l'ont fait. Puis on leur enleva l'école comme s'ils étaient des empêcheurs de tourner en rond. Déjà on avait éloigné l'école du domicile. Puis en chambardant dès le primaire presque toutes les méthodes et, surtout, le vocabulaire de l'apprentissage, on a aliéné une grande majorité de parents, gênée qu'elle était de ne rien comprendre à la théorie des ensembles. Finalement, en donnant de plus en plus de pouvoirs aux deux grands intervenants, le gouvernement et la centrale syndicale, en centralisant le débat sur l'école dans le cadre piégé de la négociation ou de l'affrontement politique, on a mis un point final à la présence des parents

dans le système scolaire. Ils ne votent pas lors des élections scolaires, ils n'assistent pas aux assemblées de parents et on peut les comprendre. Cela fait 20 ans qu'on
leur dit qu'ils ne connaissent rien dans l'éducation des
enfants. Ils ont fini par le croire.

Mais la polyvalente demeure. Intouchable et intou-
chée. Elle est solide et elle ne veut pas changer. Parce
qu'elle n'a pas de fenêtre, elle ne voit pas que le paysage
a changé. Elle doit attendre qu'un contrat collectif décrète
qu'on perce des ouvertures dans les murs sous peine de
grief ou de grève.

21 OCTOBRE

Norman Atkins dirige cette année la campagne
conservatrice avec la même efficacité quasi mécani-
que qui caractérisait l'entourage de Bill Davis quand il
était premier ministre ontarien. Dans une entrevue publiée aujourd'hui, il énumère avec une grande simplicité
et une franchise qui l'honore les trois qualités fondamentales d'un organisateur politique: «L'amitié, dit-il, la
loyauté et les principes... dans cet ordre.»

Peu d'électeurs canadiens connaissent Norman
Atkins. Il ne s'en plaint pas. Il préfère la tranquillité des
bureaux anonymes aux caméras de télévision. Norman
Atkins fait partie d'une race spéciale; c'est un «pro» de
la politique, membre tout-puissant de la Big Blue Machine ontarienne. Il est en politique comme d'autres jouent
au hockey ou au tennis. Ses tournois, ce sont des élections, ses trophées des premiers ministres. L'émotion de
ces athlètes de la politique ne provient pas des envolées

oratoires de leurs poulains ou de l'audace de leurs politiques. Pour eux, une campagne électorale ressemble à une opération militaire et comme les généraux, ils ne sont jamais sur la ligne de feu. Ils veillent dans leur quartier général, déplaçant froidement des pions, changeant la couleur des drapeaux épinglés sur de grandes cartes. Ne demandez pas à ces gens ce qu'ils entendent faire de leur victoire. Ils n'en savent rien. Leur mission n'est pas de créer un paysage, un environnement. Leur objectif est d'une simplicité absolue: gagner le plus de territoire possible. Entre les campagnes, il faut assurer les défenses du territoire, planifier son exploitation et donner l'impression aux populations contrôlées que l'occupant est un libérateur.

C'est une tâche délicate qu'on ne confie pas à des inconnus ou à des ennemis potentiels, fussent-ils dotés des principes les plus admirables et des compétences les plus exceptionnelles. Non, c'est une tâche qu'on confie à des gens qui ont pour nous «de l'amitié, de la loyauté»... et peut-être des principes.

Les politiciens d'opposition et les journalistes font semblant de ne pas comprendre ce raisonnement tout à fait logique. Ils dénoncent régulièrement les «nominations politiques» et quand il les additionnent, ils font une grande tirade sur le patronage. Quelle farce! Pourquoi les conservateurs engageraient-ils des libéraux pour leur confier l'exécution de politiques, de programmes sur lesquels pourraient reposer la survie même d'un gouvernement conservateur. Il serait temps que l'on accepte, comme aux États-Unis, que l'élection d'un parti entraîne automatiquement la venue au gouvernement d'amis loyaux et fidèles du parti et d'amis qui ont des principes conservateurs.

Les gens des médias sont particulièrement mal placés pour se voiler la face et manifester leur indignation.

Notre milieu, comme beaucoup d'autres, ne fonctionne que par patronage, par contacts personnels, par appartenance aux mêmes cercles et aux mêmes écoles de pensée. Si cela est normal à Radio-Canada la pure, ce doit l'être aussi à Ottawa ou à Québec. Évidemment, quand on manque de copie ou de sujet, un petit soupçon de favoritisme épice toujours un peu un journal trop fade.

22 OCTOBRE

Notre acharnement à nous regarder nous interdit la connaissance, sauf celle de nous-mêmes et encore. Notre persistance à oublier que nous sommes petits rend encore plus difficile notre épanouissement. En d'autres mots, nous avons beaucoup de difficulté à comprendre que «les choses sont relatives».

Avouons-le, des grandes passions et des grandes peurs qui bousculent et transforment encore le monde dans lequel nous vivons, nous ne connaissons rien, sinon par les livres, la télévision ou le cinéma.

Nous sommes une des rares sociétés au monde à n'avoir jamais vécu intensément. Nous ne connaissons rien de la mort, nos angoisses existentielles n'ont aucun rapport avec notre existence, mais avec la qualité de celle-ci. Collectivement nous n'avons connu ni la guerre, ni la famine, ni le colonialisme, ni l'esclavage. Les catastrophes naturelles nous sont étrangères. Il n'y a pas, dans notre passé transmissible, c'est-à-dire celui auquel un adolescent d'aujourd'hui accorderait une certaine valeur d'exemple, il n'y a pas de grands désarrois ni de grandes victoires.

Il y a eu Frontenac, puis les Plaines d'Abraham. Quelques personnes qu'on appelle «patriotes» sont mortes en 1837. Il y a eu un métis appelé Riel. Il y a eu 1867.

Des colons ont souffert dans les Pays d'en haut, comme s'il n'y avait eu de défricheurs que dans la cour du curé Labelle. D'autres curés ont pourfendu les syndicats naissants, comme si toutes les églises catholiques du monde n'avaient pas fait la même chose. Des nationalistes se sont cachés en forêt pour éviter la conscription et ne pas combattre pour les Anglais, même si ceux-ci se battaient contre Hitler.

Duplessis lutta contre les Témoins de Jéhovah parce qu'il croyait qu'ils étaient communistes. Il nous donna un drapeau et des impôts bien à nous. La télévision est apparue, et avec elle René Lévesque et quelques parcelles d'un monde en changement où le mot *libération* rimait avec révolution. Nous eûmes quelques bombes, deux enlèvements, un meurtre dont on ne saura jamais s'il n'était pas un accident. Pour nous donner l'illusion d'être entrés dans le «vrai monde», Ottawa vint jouer au soldat à Montréal. Quelques années de liesse collective après 1976, quelques audaces législatives, une langue consacrée langue nationale mais détruite par les écoles de la nation, des chansons, des fêtes nationales. «Le grand bond en avant», disaient les plus enthousiastes. Nous étions une société glorieuse et exemplaire promise aux lendemains qui chantent.

Puis nous nous refusâmes la permission de négocier un quelconque cadre politique pour donner consistance à toutes nos petites manifestations d'indépendance. Calmes et démocrates, la majorité des Québécois francophones choisirent de rentrer sagement à la maison, pendant que les plus convaincus se mirent à chercher en dehors de nous les raisons de l'échec.

Caricature? Un peu, mais pas vraiment. Si nous nous mesurons par rapport à nous-mêmes, nous pouvons trouver dans notre histoire de grands moments exaltants, des héros, des tragédies. Mais si nous choisissons comme référence l'histoire de l'humanité — et faire ce choix, c'est aussi accepter d'en faire partie —, il est difficile de ne pas considérer avec un certain détachement ces supposés temps forts de notre passé collectif. On me pardonnera de ne ressentir ni émotion, ni fierté lorsqu'on évoque les patriotes de 1837 ou la mémoire des pionniers du nationalisme québécois, comme le chanoine Groulx. Les premiers étaient aussi représentatifs de la population que les membres du FLQ qui, comme pour souligner inconsciemment leur propre marginalité, utilisaient comme symbole un dessin représentant un patriote. Quant au digne chanoine et à ses thuriféraires, leur société indépendante se serait nourrie d'un indigeste ragoût composé de xénophobie, d'antisémitisme, de théocratie et de valeurs paysannes.

Notre histoire est petite et sans histoire. Ce n'est que normal. Le Canada a été découvert par erreur et son appartenance déterminée par des addendas à des traités qui redessinaient les cartes du monde entier. Dans ces grandes manœuvres, nous étions comme le sixième choix au repêchage qu'une équipe sportive accorde à une autre, en plus de trois joueurs importants. Nous n'étions que la cerise sur le gâteau.

Nous avons sûrement une histoire plus passionnante que celle qu'on nous enseigne, d'autres héros qui ne font pas partie unanimement de l'élite nationale, des luttes ouvrières bien plus glorieuses que nos réformes législatives. Mais ce sont les élites qui rédigent l'histoire et chez nous, elles étaient petites et patriotardes.

Nous n'avons pas eu de croisades, ni d'empire comme les Turcs, les Syriens, les Espagnols ou les Portugais, ni prise de la Bastille, ni guerre d'indépendance comme les Américains, ni pogroms, ni Duce. Nos communistes étaient presque tous membres de la GRC, nos guerres civiles trouvaient leur solution à coups de poing dans les bars ou les ruelles. Le Canada acquit son indépendance à la tétée, goutte à goutte, jusqu'au traité de Westminster et le Québec, un ensemble considérable de pouvoirs à travers des discussions polies et endormantes.

Petite histoire, mais histoire de privilégiés, épargnés que nous sommes par les cataclysmes humains des guerres et des révolutions autant que par les grandes catastrophes naturelles qui ravagent régulièrement le reste de la planète. Ne connaissant ni la peur, ni la mort, ni la haine, ni la désolation, nous sommes presque réduits à les inventer pour nous faire une âme. D'un Saint-Basile plus ou moins anodin, nous faisons un Bhopâl ou un Tchernobyl, d'un panne d'électricité, un drame national. Nous avons des pauvretés de riches et des tragédies de couples heureux qui pleurent parce qu'ils apprennent que ce sera une fille en santé au lieu d'un garçon.

Notre isolement historique et géographique, isolement entretenu par la paresse et la démission des médias, interdit pratiquement toute nuance, toute notion de relativisme dans notre perception de la société. Nous ne savons pas ce que nous avons et nous ne savons pas ce que nous n'avons pas. N'ayant que nous-mêmes comme point de comparaison et que nos propres difficultés comme références, il est normal que Saint-Basile devienne une «catastrophe écologique», parce que c'est le premier incident du genre. Il est tout aussi normal que l'on puisse parler sans sourciller des conditions inhumaines et de la misère abjecte qui seront le lot des assistés sociaux après la réforme de l'aide sociale. Comme si Montréal allait devenir Bombay.

23 OCTOBRE

Grande fête de la culture québécoise, ce soir. C'est le
Gala annuel de l'Adisq. Plus que le théâtre, la littérature ou le cinéma, c'est la chanson qui incarne à tort
ou à raison notre culture moderne. Serait-ce parce que
la chanson est un art mineur, une expression de l'instantanéité, un art qui n'a besoin ni d'université, ni d'acadé-
mie? Je ne sais trop. Il n'en demeure pas moins que la
chanson populaire a joué ici un rôle rassembleur unique
dans les sociétés modernes.

Que le Québec ait banni de ses anniversaires l'uni-
versel «Happy Birthday to You», pour le remplacer par
«C'est à ton tour...» en dit plus sur une certaine forme
d'émancipation que tous les discours de la Société Saint-
Jean-Baptiste.

Il est absolument impossible d'imaginer le Québec
moderne sans Gilles Vigneault ou Pauline Julien, sans
«Mon pays» ou «La Manicoutai», sans les fêtes de la
Saint-Jean sur le mont Royal et sans le «C'est à ton tour,
mon cher René» que des milliers de personnes entonnè-
rent quand on sortit la dépouille de René Lévesque du
vieux palais de justice de Montréal.

Le rôle glorieux de la chanson a cependant un envers
pernicieux. La chanson donne illusion. Elle est essentiellement un raccourci, une capsule qui simplifie des émotions complexes; à la limite, elle est parente des slogans
publicitaires ou politiques qui en quelques mots bien
tournés font exister des pays imaginaires. Il est facile et
enthousiasmant de chanter en cœur: «Et je t'entends
parler de liberté...» mais plus difficile de s'atteler à la
patiente et fastidieuse tâche de convaincre ceux qui hési-
tent à s'embarquer dans le grand voyage de l'émancipa-

tion. Il est facile et émouvant de faire le «Tour de l'île» avec Félix, mais plus difficile et pas évident de faire comprendre aux habitants de l'île qu'elle est en danger et qu'il faut la défendre, individuellement, puis collectivement, arbre par arbre, pierre par pierre.

D'une certaine manière, inconsciemment convaincus que la brisure de l'indépendance proposée terrorisait, nous avons tenté de faire l'indépendance en chantant. Nos assemblées politiques n'étaient pas des ralliements guerriers et revendicateurs, c'étaient plutôt des hymnes à la joie. La démarche suivie par le PQ était identique. Faire l'indépendance sans fausse note, dans l'harmonie la plus parfaite, libérés des colères et des passions, à l'abri des bouleversements et des déchirements. Encore une autre conséquence de notre ignorance de l'histoire ou de notre conviction d'être tellement différents qu'il nous était permis de réinventer l'histoire. Nous, poètes naïfs et généreux, prétendions nier des milliers d'années d'expérience humaine et réinventer le processus d'accession des peuples à l'âge adulte. Bourgault avait raison. On ne fait pas l'indépendance en demandant la permission, ni en minimisant les difficultés et les cassures. Il n'y a là aucun reproche envers ceux qui comme René Lévesque ont préféré le tortueux chemin de l'évolution lente des mentalités aux absolus mythiques que les ayatollahs de l'indépendance voulaient imposer à la population. Il n'en demeure pas moins que toutes les indépendances se font dans la souffrance, qu'elles provoquent déchirements profonds et haines destructives. Les chansons viennent après, comme pour appliquer un baume sur les plaies ouvertes.

Une certaine chanson s'est éteinte avec l'arrivée au pouvoir du PQ. Le pouvoir n'inspire pas les poètes. Et puis le pays qu'on prétend inventer a beau être fascinant, il faut bien qu'il ressemble à un pays qu'on connaît et qu'on habite, il faut bien qu'il parle des gens qui y vivent et du paysage dont ils se nourrissent.

Notre chanson libératrice était peuplée de grands six pieds, le cul sur le bord du cap Diamant, regardant les goélettes lutter avec les goélands contre le vent du nord qui tordait les bouleaux blancs. Leurs exploits transformés en alexandrins du collège passaient tout juste la barrière du son, accompagnés qu'ils étaient de trois accords de guitare sèche, de deux accords de piano et d'un rigodon. Robert Charlebois, lui, avait réuni dans le même discours, le «pot», le cul et l'amour, mais tout cela rimait avec bec pour pouvoir rimer avec Québec.

Pendant ce temps, les guitares américaines étaient devenues électriques et psychédéliques, Woodstock avait fait sa marque, les «temps changent», disait Bob Dylan. On tentait de pousser sous le tapis le Viêt-nam avec les poussières des troubles raciaux et quelques farfelus à cheveux longs reprenaient contact avec le cosmos.

Un matin, Michel Rivard et quelques autres découvrirent que les humains de Châteauguay étaient aussi humains et intéressants que ceux de la basse Côte-Nord, qu'il y avait plus de Québécois un vendredi soir rue Sainte-Catherine que dans toutes les forêts du pays et que les phoques, pas plus fous que les autres, avaient eux aussi des histoires d'amour. Les chanteurs décidèrent d'habiter le pays réel, sans même sentir le besoin de lui donner un nom ou un drapeau. Dans le pays réel, plus difficile à posséder que le pays imaginaire, les goélands et les dauphins nagent dans le pétrole et les dioxines, il y a plus de «minounes» que de canots d'écorce et les frontières semblent bien futiles, vitalement liés que nous sommes au petit fermier de l'Amazonie qui arrache sa terre en brûlant la forêt tropicale.

Repliement sur soi, démission, et pourquoi pas trahison, clament les nationaleux spécialistes du cocktail
molotov verbal. Petit peuple, petite chanson qui se
satisfont de l'enfant qui naît, de peines d'amour adoles-
centes et de légers bonheurs quotidiens, constatent,
déçus, les professeurs de l'Imaginaire national.

Eh bien moi je m'y retrouve dans ce pays, tout
comme ma fille qui chante en français parce que Daniel
Lavoie parle des enfants de la bombe, des enfants de la
catastrophe et de la menace qui gronde.

C'est ce pays plutôt confiant, adulte et ouvert qu'on
célèbre ce soir à l'Adisq. Un pays qui ne cherche pas toujours un Anglais ou un gouvernement fédéral pour expliquer nos faillites et nos peurs, ni un hymne national
pour habiller nos joies. À ceux qui disent que cette chanson est un refus du défi et du combat, je réponds que
n'eût été de la chanson «Ils s'aiment» qui me réconciliait
avec l'espoir, je ne sais pas très bien comment j'aurais pu
supporter l'enfer absurde des camps de la mort en Éthiopie.

Bien sûr, les Félix Provigo, Molson et pourquoi pas
Kentucky Fried Chicken ont froissé bien des âmes sensi-
bles qui généralement préfèrent fréquenter les charcute-
ries françaises plutôt que de profiter des spéciaux chez
Métro. Pour ma part, je m'en réjouis. Cette mince partie
des profits de nos grandes entreprises québécoises (dé-
ductibles d'impôt) était auparavant consacrée aux tournois de balle molle et de souque à la corde.

24 OCTOBRE

Horrible et pénible débat des chefs distillant l'ennui. Curieuse logique qui met dans chaque occasion du genre directions d'information et manipulateurs d'information dans le même camp. Conseillers politiques et patrons de télévision entretiennent une sainte horreur pour tout ce qui peut ressembler à la spontanéité, à l'affrontement et à la passion. À la limite, ces gens s'entendraient pour organiser un débat entre ordinateurs. La passion, disent-ils, est mauvaise conseillère. Et durant des heures de réflexion profonde, ils cherchent tous les moyens susceptibles d'aseptiser, de stériliser l'événement.

Ces mêmes personnes, dans leurs salons feutrés et vieillots, disent, la lèvre méprisante, que le peuple démissionne devant ses responsabilités démocratiques. Mais quand l'occasion leur est donnée d'organiser pour ce pauvre peuple une grande fête de dépoussiérage et de dépucelage, ils triturent leur esprit déjà jésuitique pour trouver la formule idéale: un débat dans lequel aucun des politiciens ne pourra être coincé, battu, retourné comme une vieille chaussette qu'il est, un débat dont l'objet est de mettre en scène le calme imperturbable d'hommes politiques responsables et rassurants.

Quant aux journalistes qui se bousculent au portillon pour pouvoir baigner dans la gloriole de cette contradiction de l'information, ils acceptent avec une satisfaite inconscience de jouer les faire-valoir, les ouvreurs de portes ouvertes, les «straightmen» de ceux qu'ils devraient tenter de déshabiller. Attendons de voir le débat en anglais. Les journalistes anglophones aiment moins les cérémonies officielles que leurs confrères francophones.

25 OCTOBRE

Retour aux gestes anciens. Le journaliste en moi se dit que si un événement peut insuffler quelque vie profonde à cette campagne, c'est bien le débat en anglais de ce soir. Le Québec a de toute évidence déjà fait son choix tribal et l'insupportable somnifère de français cassé qu'on nous a servi hier ne fera rien pour modifier cette solidarité des pauvres à qui on fait miroiter la fausse et illusoire richesse de l'Amérique triomphante.

J'ai l'intention, ce soir, de regarder ce débat en me retrempant dans mon ancien rôle de «vrai» journaliste, de faire comme si j'avais une analyse à «pondre» pour le lendemain.

La préparation mentale du journaliste avant un événement ressemble beaucoup à celle d'un athlète qui, en dehors du calendrier officiel de compétitions, possède son propre agenda. Avant même de se fixer un objectif, il doit déterminer l'importance relative de la compétition, pour lui et strictement pour lui. De ce premier jugement arbitraire et solitaire, dépendra sa disponibilité, sa capacité d'effort, sa volonté de se surpasser ou tout simplement de nourrir adéquatement la machine du corps. Curieusement, tout comme le skieur qui a déjà appliqué son fartage, le journaliste n'aime pas la surprise d'une neige soudaine qui vient compliquer l'analyse d'une piste auparavant glacée. Ce conditionnement de l'esprit chez le journaliste est aussi amplifié et justifié par la machine dont il fait partie. Si l'événement justifie trois heures de télévision nationale, l'événement est fondamental. S'il est fondamental, on lui a déjà réservé plusieurs pages et de nombreuses minutes au bulletin de nouvelles. La fonction première du journaliste est alors radicalement transformée. Il ne s'agit plus de découvrir ce qui mérite attention et réflexion, mais plutôt de trouver assez d'éléments pour résoudre une équation mathématique: tant de mots égale tant de feuillets. L'objectif commande la démarche. Dans de telles circonstances il est interdit au journaliste de dire ce qui est souvent tout à fait évident: «Il n'y a rien là.»

L'importance de la nouvelle ne réside pas dans sa valeur intrinsèque, mais dans le fait qu'on sait que les autres en parleront et qu'une des fonctions de l'information est de transmettre sans préjuger de leur importance ou de leur pertinence les déclarations ou les activités de nos élus et des groupes représentatifs. Que nous décidions dix fois par jour que tel ou tel groupe n'est pas représentatif et ne mérite donc pas la bénédiction de notre présence ne modifie bien sûr en rien ce Credo du journalisme institutionnel. Lorsque j'étais au *Jour*, nous avions décidé, autant par principe que par nécessité, de ne pas suivre ce commandement de Dieu du journalisme classique. Notre manchette était très différente de celle des autres journaux. Parfois, une nouvelle qui faisait la une de tous les autres journaux ne faisait l'objet chez nous que de quelques lignes. Nous n'avions pas l'impression de manquer à nos devoirs en n'apprenant pas à nos lecteurs qu'il n'y aurait pas d'élection pour la présidence de la CSN. Nous étions certains d'offrir un choix au lecteur, car de façon générale ici, tous les journaux parlent exactement des mêmes choses, dans les mêmes pages et avec les mêmes mots. À ceux qui me diront que *Le Jour* a fait faillite, je répondrai tout simplement que sa situation financière était bien plus saine que celle du *Devoir* aujourd'hui et que nous n'avions pas Pierre Péladeau et quatre pages d'avis de la Commission de transport du Québec chaque semaine pour nous maintenir en vie artificiellement. De plus, nous savions pourquoi nous existions, ce qui n'est plus le cas du «quotidien de la rue Saint-Sacrement».

Retour au débat. Dîner rapide sur le coin de la table. Relecture de mes notes sur le dernier débat. Massage des muscles intellectuels. Détermination des attentes... Turner doit gagner clairement, Broadbent risque d'être coincé, Mulroney a tout à perdre. Déjà s'imposent à moi le langage et par conséquent l'information que je tirerai de l'événement. C'est le langage de l'information sportive pour laquelle un événement se résume par l'annonce d'un gagnant et d'un perdant. Que l'équipe perdante ait expérimenté dans ce match des stratégies nouvelles, approfondi des raffinements dans son approche défensive, n'a aucune importance. Que l'équipe perdante ait offert un spectacle merveilleux et la gagnante une démonstration désolante fera à peine l'objet d'une mention dans la chronique des «à-côtés» du match.

Durant trois heures, des dizaines de journalistes se transforment en marqueurs officiels; ils tiendront des cartes de pointage, additionnant crochets et jabs, parades et esquives. Les nouvelles idées, s'il y en a, les approximations, les mensonges, il y en a toujours, feront l'objet des analyses et des commentaires dans les pages spécialisées quelques jours après que l'effet boule de neige ait fait ses ravages. Il y aura une victoire ou un match nul (c'est le verdict quand les journalistes n'osent pas dire ce qu'ils pensent) et ce constat viendra donner courage aux électeurs hésitants. Je me souviens que Réal Caouette remportait tous ses débats en disant n'importe quoi. Si on lit la transcription du premier débat entre Dukakis et Bush, débat qu'on a qualifié de match nul, on se rend compte, sans aucune équivoque possible, que Dukakis est un homme intelligent et responsable et que Bush est une anguille vicieuse.

Mulroney est égal à lui-même, avec son sourire de directeur de pompes funèbres tentant de vendre à crédit un cercueil avec des poignées plaquées or et expliquant à la famille éplorée que c'est le cercueil de l'avenir. Turner est ému et scandalisé qu'on veuille vendre le rêve canadien à vil prix. Il a bien raison, me dis-je, mais pour les mauvaises raisons et en invoquant des peurs injustifiées comme celle de la disparition possible des programmes sociaux. J'aurais bien aimé qu'il manifeste la même émotion devant la disparition réelle des droits individuels durant la crise d'Octobre. Quant à Broadbent, il me désole. En 1984, il avait l'air détendu d'un ouvrier de la construction qui revient de la Floride. Cette année il s'est déguisé en travailleur social drapé dans son angélisme altruiste. Broadbent n'a pas encore compris qu'il fait de la politique chez les professionnels. Comme ils disent: «It's a dirty game, but it's the only game in town.»

Voilà en résumé ce que j'aurais dit de ce débat. C'est peu, mais ça ne méritait pas plus. Et j'entends mon patron me crier au téléphone: «C'est bien beau tout ça, mais qui a gagné? J'ai une manchette à faire.»

26 OCTOBRE

J'avais oublié l'existence de Hans Marotte. En fait, je préférerais l'oublier. Hans Marotte, c'est ce jeune universitaire qui fait face à des dizaines d'accusations de vandalisme pour s'être attaqué à des commerces dont les affiches ne respectaient pas la loi 101. Dans maints cercles nationalistes bon teint, chez ces gens qui prennent les barricades au premier Tamoul venu, on a tendance à en faire un héros, un courageux personnage se portant à la défense de notre identité collective. Il semble qu'il sera défendu par Robert Lemieux, l'ancien avocat des frères Rose. C'est la fonction des avocats de défendre. Mais l'attention qu'on porte à ce jeune «punk» de la langue, les tentatives de glorification de ses petits actes de banditisme qui n'ont aucun rapport avec la défense de la langue mais des rapports intimes avec les comportements violents des marginaux qui prétendent modeler de force la société à leur image, tout cela me révolte. Ces gens sont convaincus que les Anglais nous ont volé l'indépendance dans un camion de la Brinks et qu'ils fomentent encore des complots machiavéliques pour faire disparaître le français. C'est une large majorité de Québécois dont, aussi, une majorité de francophones qui ne sont pas tous lâches et traîtres à la patrie, qui ont toujours dit non à l'indépendance et à l'unilinguisme. La société québécoise a choisi. Après un débat qui a duré plus d'un siècle, un débat qui a monopolisé souvent de façon stérile toute notre énergie intellectuelle, nous avons décidé que la marge d'indépendance dont nous disposions nous suffisait et que nous voulions conserver la loi 101 tout en étant favorables au bilinguisme. Tous les sondages, toutes les élections le disent, les Québécois veulent un Québec fort dans un Canada uni, un Québec français qui parle parfois anglais. Ces contradictions apparentes ne le sont que pour ceux qui prétendent réduire la réalité d'une société complexe comme la nôtre à une simple addition.

Je ne crois pas, comme beaucoup d'autres, que le Québec dispose d'un statut souhaitable. Ce regret n'a aucune importance. Notre déception et nos convictions ne nous confèrent pas le droit de faire par la porte d'en arrière ce qu'on nous a refusé de faire au grand jour.

Autant je suis frappé par la tolérance et l'ouverture qui caractérisent maintenant notre société, autant je suis toujours surpris et attristé par la légitimité qu'une large couche de la population accorde à tout défenseur improvisé des symboles linguistiques. Car à côté de la langue en milieu de travail, à côté de la sélection des immigrés, à côté de la démission de l'école, l'affichage n'est qu'un bien piètre symbole.

Qu'un grand nombre de supposés démocrates fassent encore aujourd'hui de l'unilinguisme la clé de notre épanouissement culturel me renverse. Toute la nouvelle réalité québécoise, le foisonnement culturel, notre récente facilité à nous mouvoir dans le monde de la haute technologie, nos miracles «beaucerons», nos «Papiers Cascades» conquérants, tiennent précisément au fait que nous nous sommes donné collectivement, autant dans nos esprits que dans nos lois, une marge de sécurité culturelle qui nous permet maintenant d'emprunter ailleurs sans craindre de diminuer notre âme. Nous avons atteint en tant que société une sorte d'âge adulte qui n'a pas besoin de colères d'adolescents boutonneux pour affirmer son existence. Je me rappelle encore quelle sainte horreur René Lévesque avait pour les chevaliers de l'unilinguisme intégral, comment il frémissait devant ce réflexe paranoïaque qui nourrit sa propre peur et invente pour la calmer un environnement qui accroît encore plus l'isolement.

Ces gens ne cessent de nous répéter combien nous sommes menacés, comment l'Anglais n'admettra jamais son existence de minoritaire, comment l'Anglais terrorise nos francophones hors-Québec, ce dont on se fout complètement d'autre part, comment l'Anglais a empêché notre épanouissement. Un peu plus et on nous expliquera que si les Québécois ont la pire dentition du pays, c'est la faute des Anglais. Remplacez dans leur langage le mot Anglais par le mot Juif et vous aurez une bonne idée de la psychologie profonde qui fait bouger les tripes de ces gens. De toute manière, quand je pense aux dangers réels qui menacent le français, je crains bien plus la cohorte de la CEQ unilinguiste qui se drape dans son contrat collectif pour refuser qu'on évalue la performance de ses membres, qu'un petit groupe obtus d'anglophones menant des combats d'un autre âge. Car s'il y a un combat violent à faire aujourd'hui pour le français, ce n'est pas chez les pauvres petits commerçants têtus ou ignorants de l'Ouest de Montréal qu'il faut le faire, c'est dans nos polyvalentes et nos cégeps unanimement nationalistes.

Les unilinguistes font partie d'une caste privilégiée et particulière de Québécois. Ils occupent des professions et des fonctions dans l'enseignement, les communications, la fonction publique, dans lesquelles ils peuvent évoluer comme si la terre entière causait français. C'est un monde artificiel et surprotégé qui a sa propre existence en dehors de toutes les contraintes de la société qu'il prétend généreusement protéger. Univers d'aquarium de salon, qui échappe à toute logique. De la main gauche, il brandit généreusement la Déclaration universelle des droits de l'homme et vient à la défense de tous les minoritaires du monde; de la main droite, il déchire les affiches bilingues. Majoritaires dans tous les médias, ces gens réussissent à nous faire oublier que la grande majorité des Québécois favorisent la protection du français, sans exclure complètement certaines formes de bilinguisme. Ils ont aussi réussi à donner à un petit problème montréalais une dimension québécoise. Ce monde de régies, de règlements et de colloques nous a aussi persuadés insidieusement que promotion et défense du français sont affaires d'État et de fonctionnaires, rarement la responsabilité et le devoir quotidiens des Québécois eux-mêmes. Il fut une époque, pas si lointaine, où les menus bilingues n'existaient pas dans les restaurants

Murray's de Montréal. L'action directe et pacifique résolut assez rapidement ce problème. S'il y a des francophones qui sont horrifiés à la vue d'une petite affiche bilingue, si leur horreur est assez grande, ils n'ont qu'à quitter le commerce fautif, en avertir le propriétaire et aller dépenser leur argent ailleurs. S'ils sont assez nombreux à le faire et qu'ils le proclament tout haut, l'inévitable logique de la rentabilité agira plus efficacement que toutes les polices de la langue.

Et puis, cessons de nous référer aux minorités francophones de l'Ouest pour démontrer notre inestimable générosité à l'endroit de «notre» minorité. Dans l'Ouest, nous parlons de groupuscules éparpillés que seul le couplet endormant des deux peuples fondateurs permet encore de désigner comme «minorité» ayant droit à quelque considération particulière. Au Québec, nous parlons de 15 % de la population, dont les ancêtres dans plusieurs cas vivaient ici alors que les exils volontaires de francophones vers l'Ouest n'avaient pas encore débuté. Et si les Anglais du Québec constituaient un peu plus de 20 % de la population, comme les Canadiens français au Canada, qu'inventerions-nous pour justifier les vitrines éclatées? Et aussi, à partir de quel centile une minorité a-t-elle droit à un peu d'existence, beaucoup d'existence ou toute son existence? J'entends déjà la Saint-Jean-Baptiste répondre: «Selon l'envie de la majorité.»

Les anglophones, même s'ils l'oublient parfois, reçoivent au Québec un traitement que toutes les minorités du monde peuvent envier à juste titre. Ce n'est pas une faveur que nous leur faisons, c'est l'attitude normale et respectueuse que doit avoir une société. Mais nos générosités passées ne doivent pas être considérées comme des erreurs et surtout pas invoquées pour expliquer ou justifier l'intolérance.

L'intolérance est toujours provoquée par une menace réelle ou perçue comme telle. L'intolérance prend toujours des airs d'autodéfense, elle maquille sa propre agressivité en grossissant celle des autres, elle dissimule son refus de l'autre dans la défense de sa propre pureté. À la limite, sa logique la mène à assimiler la survie de l'un à la disparition de l'autre.

Mais j'exagère. Ces gens ne sont pas intolérants, ce sont des nationalistes convaincus et ceux qui parlent de tolérance sont faibles, naïfs ou assimilés. Et s'il me faut mesurer notre générosité et notre ouverture à la petitesse des bigots et des racistes de l'Ouest, cela signifie que nous acceptons d'avoir avec eux des réflexes communs.

27 OCTOBRE

*D*e quelques incongruités bien de chez nous.

Item 1. Le gouvernement canadien a décidé d'acheter des sous-marins nucléaires pour affirmer sa souveraineté dans l'Arctique. Que celle-ci ait été violée dans le passé par les Américains sur lesquels nous n'avons jamais tiré un seul coup de semonce, fût-ce avec un tirepois, et par les Soviétiques, même si nous ne les avons jamais vus, n'a aucune importance. Il paraît que c'est ainsi que les vrais pays se convainquent de leur existence.

Le ministère de la Défense parle de 8 milliards de dollars, mais tous les experts, y compris aujourd'hui un ex-spécialiste du Pentagone, citent des chiffres variant entre 16 et 20 milliards. Vingt milliards, c'est exactement huit fois la somme que consacre le Canada à l'aide au développement international. Même si ces déboursés doivent être effectués sur une période de 10 à 20 ans, c'est économiquement un choix grave pour un gouvernement qui jure par tous les dieux qu'il doit réduire le déficit budgétaire. Pas un mot depuis le début de la campagne électorale. Pas plus que sur l'avortement, même si nous sommes probablement le seul pays au monde à ne disposer d'aucune législation en ce domaine.

Item 2. Le Québec possède le système de prêts et bourses le plus généreux au pays. Il n'est sûrement pas parfait et, comme on dit, «il y a toujours place pour une amélioration». Mais une grève générale dans les cégeps? Un mouvement de revendication, si populaire que les organisateurs d'une manifestation à Québec annoncent que la présence de 1 000 étudiants sur un potentiel de 20 000 sera considérée comme un succès. Je me sens comme Alice au pays des merveilles.

Item 3. Les professeurs de cégeps, dont les dirigeants viennent de déclarer qu'ils ne savent pas à quoi servent leurs institutions, annoncent qu'ils respecteront les lignes de piquetage des étudiants. Ces gens-là sont sérieux. Ils ne blaguent pas avec la solidarité entre les plus déshérités de la terre. Quant au rattrapage, il se fera sans remplacer les journées perdues à cause de la grève. On éliminera «le superflu» comme a dit un porte-parole, pour se consacrer à «l'essentiel». Et moi, pauvre gourde qui croyait qu'on avait de la difficulté à fournir l'essentiel!

28 OCTOBRE

L'isolement géographique et psychologique dans lequel notre société évolue a des conséquences particulièrement graves sur l'information. Le Québécois moyen ne connaît de l'information télévisée que la télévision francophone québécoise, il ne connaît des journaux que les journaux locaux. Oublions le bilinguisme bien théorique des Québécois. Nous sommes environ 10% à regarder avec une certaine régularité les chaînes canadiennes-anglaises ou américaines et encore moins à lire des publications étrangères et parmi celles-ci, j'inclus le *Globe and Mail* et la *Gazette*.

Les journalistes québécois évoluent dans une situation de monopole absolu. C'est notre information qui détermine ce qui devient l'Information et la qualité de celle-ci qui détermine pour l'ensemble de la population les critères qu'on utilisera pour évaluer nos performances respectives. Cette situation comporte quelques rares avantages. Elle nous protège de la superficialité et de la bigoterie nationale de l'information télévisée américaine. Nous nous retrouvons un peu dans la même situation que Bell Canada par rapport à ses clients, mais sans l'organisme de surveillance qu'est le CRTC. La presse d'ici détient un monopole parfait, un monopole d'autant plus parfait qu'il est régi par des contrats collectifs qui assurent aux journalistes une sécurité à vie. Nos salles de rédaction sont aussi accueillantes pour les «étrangers» que la salle des coffrets de sûreté dans une banque suisse. Pas étonnant qu'il s'en dégage une odeur de renfermé et un sentiment de «après nous le déluge».

L'absence de concurrence a cependant un effet encore plus pervers. Elle encourage, voire subventionne, l'à-peu-près, la satisfaction facile et la monotone tranquillité d'une maison de retraite pour gens aisés.

Combien de fois ai-je entendu ou ai-je dit après un reportage particulièrement réussi du *Journal*: «Ce n'est pas grave, personne ici ne regarde le réseau anglais». Cela nous permettait de diffuser une mauvaise entrevue traitant du même sujet. La tentation est tellement grande aussi de copier presque littéralement de grands extraits du *New York Times* parce que les téléspectateurs ne lisent jamais ce grand journal.

Pendant que les journalistes anglophones additionnent les faits ou multiplient les angles de traitement et les témoignages, nous nous contentons de l'opinion des spécialistes professoraux ou des porte-parole officiels, tout simplement parce qu'on se satisfait de «marquer le coup» et que cela coûte moins cher. Ce n'est pas là un jugement sur la compétence ou la conscience professionnelle des journalistes, c'est la constatation inévitable d'un réflexe collectif. Dans ce métier, nous nous contentons de peu et sommes certains d'avoir accompli ce qu'on nous demande. Le pire, c'est que c'est vrai.

30 OCTOBRE

John Turner poursuit sur son air antiaméricain. Cela surprend; on parle même de démagogie de la part de cet homme à qui on reproche normalement sa timidité et son indécision. Même le NPD n'a jamais tenu un discours aussi négatif sur les États-Unis. Cette réaction est en bonne partie due à notre ignorance profonde des États-Unis, une ignorance que nous partageons avec la majorité des habitants de cette planète et en particulier avec les Américains eux-mêmes. Rarement une société aura réussi aussi bien que la société américaine à maintenir en vie un mythe aussi grossier que le «rêve américain», un rêve qui est en train de tomber en pièces détachées et dans lequel nous nous mirons sans nous rendre compte qu'il s'agit d'un triste miroir aux alouettes.

Turner cite des faits connus qui ont l'incroyable propriété de n'impressionner personne même s'ils nous paraîtraient catastrophiques une fois appliqués à notre société. Voilà que ce pays dont on dit qu'il doit servir d'exemple à ceux qui rêvent de richesse ne peut fournir de l'assurance-chômage qu'à un quart de ses sans-travail. Dans 30 États sur 50, le salaire minimum ne dépasse pas 2,75$. De plus, 37 millions de citoyens n'ont aucune forme d'assurance-maladie, ni privée, ni publique. Ces chiffres sont loin d'être les plus éloquents et pourtant, nous poursuivons allégrement notre cour, multiplions les avances et les courbettes, comme si la fille était non seulement belle comme Greta Garbo, mais riche comme Crésus.

Une fois démaquillée et soulagée de ses vêtements luxueux empruntés aux Japonais et aux Allemands, l'Américaine courtisée se révèle dans toute son horreur. Elle est maigrichonne et malade. En fait, de toutes les habituées qui fréquentent le bar occidental, c'est la moins intéressante et la plus arrogante. Sa dot est empruntée et elle est en retard dans ses versements. Elle habite une maison délabrée dans une ville polluée où les trains ne passent plus. Elle ne peut se baigner parce que les plages sont interdites et se lave rarement parce que près de sa ville, un réacteur nucléaire déverse dans la rivière depuis 20 ans des déchets radioactifs. Sa meilleure amie est morte l'année dernière de leucémie et elle cache mal sous son maquillage des petites taches rougeâtres que ses crèmes n'arrivent pas à faire disparaître. Sa visite chez le dermatologue lui a coûté 250$. Elle vient tout juste de s'acheter un fusil semi-automatique au centre d'achats et s'en empare chaque fois qu'on sonne à la porte. La belle Américaine est venue une fois au Canada et elle a raconté à ses amis qui ne la croient pas qu'elle a pris le métro sans crainte et qu'on peut accoucher gratuitement. Ses amis lui ont répondu que si elle disait la vérité, cela devait être du socialisme et donc contrevenait à la philosophie de la libre entreprise. Ils en ont conclu que si jamais les deux pays devaient se rapprocher, le Canada devrait mettre fin à son communisme déguisé et remettre à American Express le soin de gérer les caisses de retraite.

31 OCTOBRE

Une des principales caractéristiques des petites sociétés fortement bureaucratisées et tournées sur elles-mêmes est la capacité qu'elles ont à maintenir en vie des institutions tout simplement parce qu'elles existent, parce qu'elles ont déjà signifié quelque chose ou qu'elles incarnent un objectif théorique encore justifié. Les institutions et leurs modes de fonctionnement se voient conféré une existence de droit divin. Leur remise en question est à toute fin pratique impossible parce que les acteurs et les critiques font partie de la même classe, du même groupe d'amis et qu'ils ne font que se remplacer au pouvoir, conservant essentiellement le même appareil gouvernemental. Les différences ne sont toujours que des différences d'accent et de forme.

Le type de syndicalisme que nous pratiquons dans les secteurs public et parapublic, ses méthodes et sa dégénérescence corporatiste sont nés d'une situation bien précise qui n'existe plus. Peu importe, ils sont immuables. Le CRTC est né de la conviction que les ondes étaient une denrée précieuse qu'il fallait protéger contre les abus, la subversion et les malades mentaux. Le CRTC n'a révoqué qu'une license depuis des dizaines d'années mais ça ne compte pas. Il est immuable. L'Office de radiodiffusion et de télévision du Québec, mieux connu sous le nom de Radio-Québec, a été mis sur pied à une époque où l'on pensait que la société québécoise devait assumer la pleine responsabilité du domaine de la culture, qu'elle devait posséder en propre des outils couvrant tout le champ culturel et que l'audiovisuel naissant allait résoudre une bonne partie des problèmes auxquels faisait face un système scolaire encore dans son enfance. Englobant tout cela, la fondation de Radio-Québec était aussi une péripétie dans le nécessaire affrontement sur les pouvoirs qui se déroulait entre Ottawa et Québec, un affrontement durant lequel on a souvent accordé plus d'importance à la couleur du drapeau qu'à la solidité du tissu dans lequel il était taillé. Ces batailles, qui ont été absolument nécessaires, sont maintenant choses du passé et toutes les provinces si elles le désirent peuvent avoir leur petite Radio-Québec. La culture québécoise monopolise tellement tous les moyens de diffusion qu'il n'y a presque plus de place pour les autres cultures, sauf pour celle du rock et du théâtre de Neil Simon adapté à la sauce montréalaise. Quant à la panacée universelle de la télévision comme moyen de diffusion de l'enseignement, on sait maintenant de quelles magnifiques illusions nous nous sommes nourris et quelle insoutenable médiocrité intellectuelle et télévisuelle on nous sert sur la chaîne «universitaire».

Tous les facteurs qui ont présidé à la création de Radio-Québec ont disparu ou ont été largement modifiés. Peu importe, telle une vache sacrée déambulant avec son air béat dans un splendide isolement, Radio-Québec existe toujours. Bien sûr, l'ORTQ a bien changé. Des cours de français parlé qui ont signé l'arrêt de mort de l'orthographe, Radio-Québec a élargi ses horizons. Des bureaux granolas du ministère de l'Éducation, «notre» télé s'est lancée à la recherche des régions, puis de n'importe quoi. Parce qu'elle diffusait des films sans interruptions publicitaires, elle devint l'Autre télévision et puis pour se donner l'impression d'exister, elle a tenté de devenir une télévision. Elle l'est devenue dans la mesure où une télévision se définit par le fait qu'elle diffuse et non pas par son utilité ou son originalité.

Puisqu'il semble que nous craignions encore de nous poser des grandes questions comme: «À quoi sert aujourd'hui le nationalisme traditionnel, le syndicalisme à la Gérald Larose ou l'armée canadienne?» commençons par nous exercer avec une petite question pas trop dangereuse: «À quoi sert Radio-Québec, à part de fournir des emplois à quelques centaines de personnes inamovibles?»

J'ai déjà posé la question à des dizaines de personnes travaillant à Radio-Québec. Je n'ai jamais obtenu de réponse justifiant son existence. Durant la courte période où j'y ai travaillé, on organisait des réunions mensuelles de direction sur ce sujet.

Depuis qu'elle existe, Radio-Québec a été vue au moins une fois par tous les Québécois. On ne peut plus dire, pour expliquer les basses cotes d'écoute, que l'Autre télévision est difficile à capter. Le verdict est clair et surtout constant: Radio-Québec, qui produit la télévision la plus coûteuse du monde, n'intéresse que 3 à 4% des Québécois pourtant téléphages. Proposons une explication. À force de vouloir plaire à tout le monde, les gens de la rue Fullum mécontentent tout le monde. Simpliste? Pas certain. Personne ne sait vraiment ce qu'est Radio-Québec et personne ne s'y reconnaît totalement. Comme on y change de mandat aussi rapidement qu'on change de chemises en juillet, on a parfois l'impression et ce, dans la même journée, que toutes les chaînes se sont réunies pour composer la programmation de la maison. Télé-Métropole un peu timide quand on regarde *Autrement dit*, Quatre Saisons en retour d'âge pour le courrier du cœur de l'après-midi, Radio-Canada «intello» à *Table rase*, télévision communautaire de luxe dans les reportages régionaux et PBS avec les traductions des reportages du *National Geographic*.

Ses plus grands succès, Radio-Québec les connaît quand elle fait appel à tous les voyeurs qui se cachent en nous et aux partisans des thérapies collectives. Sous le couvert de l'audace de tout dire, on invite chez Jeannette toutes les femmes battues, les victimes d'inceste, les amants trompés, les voleurs volés, les fumeurs impénitents, les exibitionnistes en mal d'exibitionnisme. C'est la glorification du malheur et l'apothéose des erreurs confessées publiquement. C'est le pire des misérabilismes: celui des riches et des satisfaits qui, une fois par année, ouvrent leur salon aux pauvres et aux insatisfaits.

Radio-Québec n'existe pas dans l'esprit des gens parce que ceux qui l'habitent ne savent pas eux-mêmes s'ils sont propriétaires d'un chalet, d'un duplex ou d'un immeuble à revenus. Ce qu'ils savent cependant, c'est qu'ils sont propriétaires et que lorsqu'on est chez soi, on a le droit de faire tout ce qui nous passe par la tête.

Le gouvernement a déjà évoqué la possibilité de fermer Radio-Québec ou d'exiger qu'elle aille chercher son financement chez ses téléspectateurs, comme les stations de PBS aux États-Unis. Ce sont des hypothèses qui devraient être étudiées sérieusement. Ou encore, en consacrant la moitié seulement du budget actuel de Radio-Québec à l'acquisition de documentaires et de films de qualité et en éliminant toute forme de production maison, on épargnerait plus de 25 millions de dollars et on disposerait enfin d'une télévision alternative.

1er NOVEMBRE

René Lévesque est mort il y a un an. J'ai pleuré, ce soir-là et les jours qui ont suivi, au fil des hommages et des cérémonies. Je m'ennuie de lui. Non pas de l'homme politique, car je crois qu'il avait accompli tout ce qu'on pouvait attendre de lui mais de l'être humain. Comme tous ceux qui avaient de l'affection pour lui et pas seulement de l'admiration politique, j'aurais préféré qu'il quitte son poste plus tôt et qu'il nous laisse un livre plus vrai que «ses» mémoires timides. Mais c'est une autre histoire.

Curieusement, sur cet homme qui a construit le Québec moderne, il n'y a ni bon livre, ni bon film produit par des Québécois francophones. Peter Desbarat et Graham Fraser ont écrit les meilleurs livres sur le PQ et son chef et Donald Brittain, du National Film Board, a réalisé les meilleurs documentaires, comme *The Champions*, cet extraordinaire parallèle entre Lévesque et Trudeau.

À Radio-Canada, tout comme pour la crise d'Octobre, ce phénomène est attribuable à la peur de paraître trop sympathique et au manque viscéral de confiance que la maison a pour ses journalistes lorsqu'il s'agit de traiter de sujets «controversés». Il n'y a eu qu'un seul projet sérieux d'enquête sur les événements de 1970, plusieurs années après que CBC se soit acquittée de son travail. J'ai été le seul journaliste de Radio-Canada à participer à la «task-force» qu'on avait créée pour l'occasion; les autres participants étaient de l'extérieur: les journalistes Michel Roy et Gérald Godin et le cinéaste Michel Brault.

Outre des ouvrages qui tiennent plus du recueil de lettres d'amour que de l'enquête et de la réflexion, les journalistes et écrivains francophones n'ont rien produit sur «leur» chef. Devoir de réserve, disent certains, arguant qu'ils étaient trop près et qu'il leur est impossible de faire la part de ce qui peut être et de ce qui ne peut pas être publié. J'en doute. Un livre sérieux sur Lévesque ne pourrait être un panégyrique et les petites sociétés n'ont pas tendance à s'attaquer à leurs dieux, car inconsciemment, c'est elles-mêmes et leur adoration qu'elles remettraient en question ou du moins qu'elles nuanceraient. De toutes nos idoles, René Lévesque fut la plus protégée, la plus enveloppée de notre silence complice. Un peu comme De Gaulle durant les années de la résistance, sa mission, pensions-nous quelque part, était plus grande que notre devoir d'informer. Je crois que nous avons eu tort, surtout dans sa dernière année comme premier ministre, année durant laquelle un silence mêlé de gêne et d'affection a encouragé la triste fin du «règne».

Un souvenir me hantera toujours. C'était le soir des élections fédérales de 1974. Après avoir bouclé tant bien que mal les pages du *Jour*, quelques-uns d'entre nous, dont Lévesque et Yves Michaud, vont terminer la soirée chez Guy Joron. Grande discussion politique vite mise au rancart au profit d'une des légendaires parties de poker, partie qui se termine faute de combattants vers 7 h 00 du matin. À Lévesque et Corinne Côté, venus me reconduire à la maison, j'offre de prendre le café dans le jardin. Il accepte d'autant plus facilement qu'il a toujours voulu voir ma fille Anne-Marie, alors âgée de trois ans.

Il me demande où est la chambre et se précipite seul à l'étage. Quelques secondes plus tard, des cris et des pleurs d'enfant terrifié emplissent la maison. Les cris et la panique qu'ils expriment vont en s'amplifiant, faisant craindre un drame. En haut, la scène est pathétique. Lévesque, aussi terrorisé que ma fille sortie brusquement du sommeil, prononce tous les mots affectueux qu'il connaît. Plus il tente de la calmer, plus il la serre sur lui. Il l'étouffe d'affection. Plus tard, en prenant le café, il ne cessera de répéter: «Je ne comprends pas, je l'ai juste prise dans mes bras.» Et comme un enfant incertain de ses gestes, mal à l'aise parce que pris en flagrant délit, il essaie vainement d'attirer vers lui ma fille à jamais traumatisée.

Avec les enfants, René Lévesque laissait tomber toute réserve, il pouvait exprimer ouvertement son affection et surtout son dévorant besoin d'être aimé. Lévesque exprimait ses sentiments par bourrasques subites, avec violence presque. Il feignait toujours, avec un haussement d'épaules et une moue caractéristiques, de rejeter ou de minimiser les manifestations d'affection qu'on lui témoignait. Mais cette affection et finalement cette approbation le hantaient, il les poursuivait, les réclamait avec le désespoir d'un adolescent qui sait qu'on l'aime parce qu'il est premier de classe mais qui voudrait être aimé parce qu'il adore danser le tango.

Lévesque était homme de passions, de colères et d'indignations. Que ses colères contre les journalistes par exemple, pour qui il avait très peu d'estime, aient été souvent exagérées et injustes, que ses indignations ou ses désaccords se soient souvent transformés en attitude vindicative et rancunière et en aient dérouté et détruit plus d'un, cela n'a finalement pas beaucoup d'importance. Il n'y a pas de grands bâtisseurs sans excès et peu de grands hommes politiques qui ne disent pas: «Si vous n'êtes pas avec moi, vous êtes contre moi.»

Je m'ennuie de René Lévesque, de son entêtement parfois inexplicable, de sa quête passionnée de la dignité et de son besoin vorace et brutal d'aimer et d'être aimé. Je m'ennuie de ce premier ministre timide et rougissant qui répondait «ouais...» quand une des rares personnes qui avaient le droit de le tutoyer lui lançait: «Gros bébé...»

2 NOVEMBRE

Élection en Israël, hier. Shamir et Peres ont à peu près le même nombre de sièges et les partis ultrareligieux ont fait des gains spectaculaires qui leur permettront d'exercer un chantage tyrannique. C'est la victoire des ayatollahs. Partout au Proche-Orient, les extrémistes, les irréductibles, les fous de Dieu se réjouissent. De plus en plus, Israël se transforme en ghetto avec les réflexes paranoïaques et suicidaires que cela comporte. L'intérieur même du pays se donne ses ghettos où les Juifs qui ne portent pas le bon chapeau sont accueillis avec des pierres ou comparés à Hitler. Curieux retour des choses qui permet à un survivant de l'holocauste d'accuser un autre d'être nazi.

J'ai beaucoup appris en Israël et dans les pays arabes qui l'entourent. En fait, mes premiers voyages au

Liban et en Israël, il y a une quinzaine d'années, mar-
quent le début de mon désenchantement progressif à
l'égard du Québec et à l'égard surtout de mon métier tel
que je l'avais toujours pratiqué avec «succès». Je me suis
rendu compte que ce «succès» demandait peu et que
mon entourage n'exigeait pas beaucoup.

Le Québec était tellement loin de tout qu'un journaliste le moindrement culotté, doué d'un minimum de
culture livresque, pouvait impunément raconter n'importe quoi. Et j'avais un culot sans borne. Quand je suis
arrivé en Israël, je savais tout. Absolument tout. Le nom
des tribus, les passages importants de la Torah, les sub-
tilités du mode de scrutin, la philosophie des kibbout-
zims, les traits de caractère des sépharades, l'adresse du
meilleur restaurant de fruits de mer à Jérusalem — c'est
encore le Sea Dolphin — et la signification des fêtes religieuses. J'étais une véritable encyclopédie. Ma blonde
était subjuguée, le réalisateur muet. Lors de ma première
excursion dans les rues étroites et grouillantes de la
vieille ville, j'étais aussi à l'aise qu'au parc Lafontaine. Je
savais tout, sauf qu'entre la Peshah et le Seder, deux
fêtes importantes, tout Israël est fermé. Impossible ou
presque de travailler quand on ne connaît rien d'autre
que les organismes officiels. Une semaine complète. Partisan de la négociation entre Palestiniens et Israéliens, je
ne cherchais et trouvais évidemment que des représentants de ces tendances. Et quand, par hasard, je rencon-
trais des Israéliens moyens qui, à cette époque, n'avaient
de préoccupations qu'économiques, j'avais l'impression
de m'être trompé de pays.

À cette époque, les Juifs d'origine orientale, les sépharades, commençaient à contester avec raison la discrimination dont ils étaient l'objet de la part des Juifs
d'origines occidentales, les askénazes qui détenaient
tous les leviers du pouvoir. Je vis dans cette émergence

d'un pouvoir de culture arabe une chance pour la paix. Ces gens connaissaient les Arabes musulmans, il leur serait donc plus facile d'engager le dialogue. Quelle erreur grossière, malgré l'apparente logique du raisonnement. Les sépharades vivaient en Israël parce qu'ils avaient été chassés de leur pays par l'intolérance des Arabes musulmans. Pour eux, l'ennemi avait un visage, un nom de famille, une voix. La haine s'incarnait. Pour leurs concitoyens qui avaient fui le nazisme et l'antisémitisme européen, l'ennemi arabe n'était qu'une autre manifestation de l'intolérance universelle. Ni pire, ni meilleure, juste plus près. La haine pour eux n'avait pas de corps, elle était un ensemble de frontières, une somme de chars d'assaut, un équilibre ou un déséquilibre des forces. Tout cela à la longue se négocie. La haine, elle, ne se négocie pas.

De retour d'Israël, j'inclus dans mon reportage mon espoir fumeux et quelques autres généralités. Dans toute autre salle de rédaction du monde, on m'aurait assigné d'office aux faits divers, mais ici, comme personne ne connaissait Israël, je fus promu spécialiste.

Québécois typique à qui rien n'est interdit, j'étais comme un adolescent qui apprend par cœur les règlements du jeu d'échecs et qui croit que cela suffit pour affronter Karpov.

Mes voyages à l'étranger étaient de plus en plus fréquents et de plus en plus traumatisants. Quelques années auparavant, j'avais été plongé durant des mois dans l'univers décadent et surréaliste du Watergate. Et ici, on me demandait de me passionner et de me scandaliser parce que la famille de Robert Bourassa avait déjà vendu des enveloppes Paragon au gouvernement.

À cette époque, l'information radio-canadienne était essentiellement une copie parlée ou imagée du *Devoir* de la veille et du *Monde* de la semaine précédente. C'était un univers de professeurs et de journalistes qui emballaient la réalité à distance. C'est encore souvent cela. On n'a qu'à regarder *Le Point* ou les émissions de «grande information» des autres réseaux pour s'en convaincre. En 1976, avec le réalisateur Claude Sylvestre, je tentai de faire un portrait de l'Amérique de Jimmy Carter. Il n'y avait dans ce dossier que des Américains inconnus, ni porte-parole, ni officiels, ni journalistes, ni professeurs de sciences politiques. On m'en fit largement le reproche. Même chose après un long reportage sur la Pologne aux heures de gloire de Solidarité; mes confrères sérieux me dirent que du point de vue de l'analyse et de la prospective, ils n'avaient rien appris. Moi non plus, mais j'avais appris dans un petit village perdu que le curé avait tellement peur des autorités qu'il se cachait le visage dans son missel quand il voyait la caméra. J'apprenais surtout qu'il ne servait à rien de tout savoir si on ne comprenait rien et surtout si on ne vivait rien.

Je me mis à fuir les entrevues d'hommes politiques comme la peste. Chaque fois — et cela arrivait très souvent — qu'à une réunion de production on disait: «On n'a pas le choix, il faut inviter le ministre Untel, même s'il n'a rien de neuf à dire», j'objectais: «S'il n'a rien à dire, ne l'invitons pas.» C'était, bien sûr, faire preuve d'un mauvais esprit.

Mes voyages successifs dans le tiers monde ou dans des pays déchirés et quasi exsangues, m'apprenaient irréductiblement la grande modestie et la grande relativité de nos propres bouleversements. Il ne s'agissait pas de nier la douleur d'être pauvre ici, mais je ne parvenais plus à soutenir le raisonnement fallacieux qui met dans le même panier les jeunes qui réclament la parité de l'aide sociale et les jeunes qui réclament la parité du 100 grammes de blé quotidien. Il m'était alors possible de décrire comme positive une baisse du taux d'inflation causée par une diminution des denrées importées, comme le café ou le sucre. Progressivement, au nom de l'information, je devins incapable de ne pas lier ce fait au nombre d'enfants mourant de faim dans les pays producteurs de café ou de sucre, à cause précisément de mon petit déjeuner moins cher. Je devenais partie prenante de mon véritable environnement, un environnement sans frontière. À fréquenter le malheur d'ailleurs, je découvrais l'incomparable et assez unique confort d'ici. Je découvrais aussi notre ignorance: nous savons tellement peu de l'univers que nous arrivons à croire et à dire que nos écorchures sont des amputations et nos difficultés d'adaptation des tragédies nationales.

Des leçons d'humilité que le Proche-Orient m'a données à l'insoutenable absurdité des camps de la mort en Éthiopie, j'ai retenu qu'un lent mais essentiel processus de réévaluation se déroulait en moi. En bout de ligne, l'importance vitale que j'accordais à ce métier tel que nous le pratiquons tous les jours me paraît bien dérisoire. Quant à notre fixation collective sur nous-mêmes, elle me semble stérile et suicidaire.

3 NOVEMBRE

Titre dans *La Presse*: «Certains enseignants de Montréal n'ont pas un seul élève de souche québécoise.» Selon cet article, 35% des effectifs scolaires à Montréal sont constitués d'enfants «d'origine ethnique». Selon un spécialiste, cette proportion pourrait, en l'an 2000, atteindre 50%. C'est une nouvelle qui me réjouit.

J'essaie d'imaginer le Québec sans les Irlandais réfugiés de la maladie de la pomme de terre qui a provoqué la grande famine en 1845. Sans les Ryan, les Johnson et les Mulroney, sans Frank Hanley, le roi de Pointe-Saint-Charles, et je n'y arrive pas. J'essaie d'imaginer mon environnement sans les Italiens réfugiés de la guerre, sans les Curzi, les Ciaccia, les Cotroni et sœur Angèle. J'essaie d'imaginer Montréal et toutes ses musiques sans les Noirs venus de Halifax qui se pressaient dans la Petite Bourgogne autour du *Black Bottom* et du *Rockhead Paradise*. Et puis aussi, sans les Hongrois de 1956, les Grecs fuyant colonels et misères, sans les Haïtiens réfugiés de toutes les terreurs, sans les Vietnamiens qui ont fait le tour du monde pour venir ouvrir des dépanneurs propres. Et puis encore, les Chiliens et tous les autres Salvadoriens, Turcs, Tamouls qui croient cent fois plus que nous que ce pays épargné par l'histoire a des airs de paradis.

J'essaie d'imaginer et je n'y arrive pas. J'essaie d'imaginer le Québec pur des années 40 se perpétuant dans la même composition démographique, et un grand frisson me saisit.

Nous avions peur d'investir le monde, le monde est venu à nous. Et sans beaucoup de préparation et de préjugés, nous avons ouvert les portes. Bien sûr, notre société n'est pas dépourvue de racisme et de chauvinisme, mais malgré les cris alarmistes (dans ce domaine il faut toujours l'être) qui dénoncent l'intolérance et la bigoterie, je dois avouer que je suis assez fier de nous.

De toutes les sociétés que je connais, la nôtre est une des plus tolérantes et des plus ouvertes. Nous poussons parfois cette tolérance un peu loin.

Nos élites et nos médias veulent tellement démontrer que nous sommes dépourvus de toute forme de préjugés qu'ils s'adonnent parfois à ce que j'appelle «le racisme inversé». C'est un drôle de raisonnement de Blanc qui assume tous les péchés de l'Occident et qui dit «Mea

Culpa», chaque fois qu'un Noir commet un vol ou que le Congrès juif élève la voix.

Ce raisonnement est vaguement parent avec celui des criminologues qui nous expliquaient que, «dans le fond», les criminels sont tous innocents: NOUS les avons rendus ainsi. Il est donc interdit ici de dire, en bonne société, que son chauffeur de taxi haïtien conduit comme un pied et qu'il prend mille détours pour se rendre à destination. Interdit aussi de dire, comme on ne cesse de le dire en Israël, que les Juifs ultraorthodoxes ont parfois des comportements intransigeants. On appelle ce raisonnement celui du droit à la différence. C'est à peu près le même raisonnement qu'invoquent les «skin heads» pour vous faire peur dans le métro, et les ivrognes pour pincer les fesses de votre femme dans un party de Noël: «Voyons, laisse-le s'amuser, il est tellement malheureux dans la vie.»

Ce grand nirvāna de la compréhension et de l'acceptation de la différence constitue une forme absolument perverse de racisme et de paternalisme. C'est avec ce genre d'attitude autoflagellante que les tiers-mondistes ont toléré la corruption en Afrique, prétextant qu'elle n'était qu'une des conséquences maléfiques du colonialisme. Jusqu'au jour où on a commencé à trouver un peu exagéré que la fortune personnelle du président du Zaïre soit équivalente au tiers de la dette externe de son pays.

J'ai toujours pensé que l'égalité prenait tout son sens lorsqu'on avait le droit mutuel de se traiter d'incompétent sans que le litige ne soit résolu devant une commission d'enquête.

4 NOVEMBRE

Une étude du ministère de l'Éducation révèle que depuis l'accession au pouvoir du Parti québécois en 1976, l'école anglaise a perdu 48 % de ses élèves. Les facteurs sont nombreux qui expliquent ce revirement: dénatalité chez les anglophones, migration négative nette des anglophones hors Québec, mais aussi, les critères de sélection de la loi 101 et la décision d'un certain nombre d'anglophones d'envoyer leurs enfants à l'école française. L'école anglaise attire encore un nombre important d'allophones, mais elle est de toute évidence de moins en moins assimilatrice. Pendant ce temps le réseau français, lui, perdait 13 % de ses élèves, dont un bon nombre se sont dirigés vers les écoles privées.

Si j'étais anglophone, je m'inquiéterais à juste titre de cette lente érosion. Je ne me sentirais absolument pas rassuré par l'argument nationaliste qui veut que je fasse partie d'une grande majorité canadienne et qu'il m'est toujours possible, pour préserver mon style de vie, de déménager n'importe où dans «mon» pays.

Ce genre de raisonnement procède d'une ignorance totale du Canada. Dans la réalité quotidienne, déménager de Montréal à Toronto c'est, pour ces Anglais qui ont choisi de demeurer au Québec, choisir de vivre dans une société radicalement différente. Il y a peu de choses communes entre la société torontoise et les anglophones montréalais. Déménager à Toronto, même pour un anglophone, ce n'est pas changer de quartier, c'est un peu changer de pays. Et de toute manière, quelle personne saine d'esprit voudrait échanger les Canadiens de Montréal pour les Maple Leafs de Toronto et la rue Saint-Denis pour Younge Street?

Si j'étais anglophone au Québec, je ferais comme les Canadiens français ont déjà fait. Je me lancerais tête baissée dans des batailles aussi symboliques que celle des chèques bilingues. Je m'inventerais une âme visible, palpable, à coups de petites pancartes volées à la loi 101.

Il est curieux que nos réflexes conditionnés de minoritaires ne nous conduisent pas à comprendre leurs réflexes de minoritaires. Cela tient, je pense, au fait que les nationalistes québécois n'ont pas encore décidé si nous sommes des minoritaires perpétuellement remis en question dans le grand ensemble canadien, ou des majoritaires contrôlant de plus en plus notre espace québécois. Cette ambiguïté profonde explique aussi que bien des nationalistes québécois sont fiers quand le Canada maintient ses relations diplomatiques avec Cuba malgré l'opposition des Américains, qu'ils sont rivés à leur écran de télévision, le cœur pantelant quand Team Canada affronte l'Union soviétique et qu'ils ont tous couru avec Ben Johnson pour ensuite le condamner aussi unanimement que le reste des Canadiens.

Les Québécois me font souvent penser à ces femmes de 40 ans qui, une fois les enfants élevés et le mari remis à sa place, c'est-à-dire dehors, se refont une vie en cherchant un grand amour compatible avec une absolue indépendance. Cela est bien beau en théorie, mais nos amis anglophones disent de ce genre de comportement: «She wants to have her cake and eat it.»

Ce qui rend la tâche encore plus difficile pour ceux qui tentent de faire la part des choses quand ils regardent la condition anglophone au Québec, c'est qu'elle est le miroir de notre propre condition. Rien ne se ressemble plus que deux sociétés qui se perçoivent comme minoritaires. Elles sont des sœurs irascibles et elles ont la peau écorchée. Elles sécrètent leurs infections, leur

zona. Chez nous, ce sont les Hans Marotte, la franc-
maçonnerie du Mouvement Québec français, avec ses
universitaires outremontais qui regardent tout, y compris l'ensemble du Québec, du haut du mont Royal.
Chez les anglophones, c'est la *Gazette*, feuille jaune et
essentiellement de culture américaine qui, dans ses pages
éditoriales, laisse sévir des ayatollahs comme William
Johnson, le frère jumeau de Gilles Rhéaume. Ces gens
sont pareils, ce sont des excroissances malignes qui, lais-
sées sans traitement, transforment les organismes sains
en cadavres putréfiés.

Pour tout dire, je crois que les vieilles dames unilin-
gues anglaises qui maintiennent la tradition de la foire
agricole de East-Brome dans les Cantons de l'Est, ont
fait plus pour rendre mon paysage habitable que ne l'ont
fait le président du MQF et la présidente de la SSJB.

5 NOVEMBRE

Gabriel Arcand, l'extraordinaire comédien, déclare à
un journaliste du *Soleil* que le Québec a perdu le
goût du risque. Il parle bien sûr de cinéma, mais je le
soupçonne de ne pas limiter à ce domaine son observa-
tion.

On ne vient pas au monde avec le goût du risque et
par définition, plus une société est organisée, plus elle
considère le risque et l'audace avec méfiance. Elle organise le risque, le légifère, lui impose des cadres et des
limites. C'est le cas par exemple des limites de vitesse, la
consommation d'alcool, les normes de construction,
l'interdiction ou la réglementation de certains produits
toxiques.

Il y a moyen aussi de vivre sans prendre de risques. Risquer n'est pas absolument nécessaire. Difficile cependant de vouloir changer les choses, de réfléchir ou de créer sans risquer, sans dépasser les normes. Dans ces domaines, le refus du risque est suicidaire. Il condamne à la survivance médiocre et monotone.

Politiquement, l'histoire du NPD fédéral constitue un des plus beaux exemples du refus de risquer. Les plus grands succès des socio-démocrates canadiens ont été remportés il y a longtemps dans les provinces de l'Ouest. Flamboyance de David Barret en Colombie britannique et avant lui, bataille pour les grandes mesures sociales comme l'assurance-santé, l'assurance-automobile, nationalisation de la phospate en Sakatchewan, etc. Depuis la salutaire attaque de David Lewis contre les «corporate bums», ceux que Réal Caouette appelait les «requins de la haute finance», les néo-démocrates se triturent les méninges pour rassurer, pour ne pas faire peur. Ils se déguisent en timides réformistes, en scouts égrenant leurs BA de la journée autour du feu de camp. Ils veulent nous mobiliser contre les pluies acides ou les inégalités du système de taxation en employant le ton d'une commission royale d'enquête. Ils veulent nous dissuader d'appuyer le libre-échange en étant moins antiaméricains et plus calmes que John Turner. La gauche a cédé sa capacité d'indignation à un avocat de Bay Street. S'il faut avoir peur de ce que nous réserve le libre-échange, qu'ils prennent les moyens de nous faire peur.

Les néo-démocrates ont de grands principes, c'est beau. Ils ont l'âme sensible et ne veulent pas prendre le risque d'être taxés de démagogues par les éditorialistes. Comme si Churchill avait hésité à être démagogue pour galvaniser la Grande-Bretagne, comme si De Gaulle n'arrondissait pas les coins démocratiques quand il croyait fermement pouvoir sauver la France du chaos algérien.

La peur du risque ne se justifie que chez ceux qui veulent conserver une forme de pouvoir. Elle tue ceux qui ne l'ont pas. Les néo-démocrates imitent les «grands» partis pour devenir «grands», tout comme Télé-Métropole tente d'imiter les formules classiques de Radio-Canada pour se donner une personnalité.

6 NOVEMBRE

Il ne reste que deux semaines de campagne électorale et jusqu'ici, l'univers tel que défini par nos hommes politiques se résume aux États-Unis et au Canada. Le concubinage dans lequel nous vivons avec les Américains va probablement se transformer en mariage officiel, risquant, par un phénomène normal d'osmose et de mimétisme, de nous entraîner encore plus loin dans notre myopie collective.

Pourtant les bouleversements que connaît la planète cognent à notre porte. En fait, ils sont déjà chez nous. Quatre-vingt mille dépossédés qui attendent qu'on leur dise s'ils peuvent prétendre à l'enviable appellation de réfugiés. De ces gens qui vivotent dans le no man's land des sous-sols d'église, des motels surpeuplés, dans les appartements des amis, de ces gens qui nous font le compliment suprême de nous dire que nous avons un beau pays, pas un mot durant la campagne électorale.

Nous entrons dans l'ère de la fixation américaine.

Gorbatchev est en goguette, les chefs d'État se bousculent aux portillons de la paix, les pays du Pacifique donnent dans la multiplication des pains, le courant El Nido, au large du Chili, transforme nos étés montréalais. Chaque fois que Provigo baisse le prix du café, des milliers d'enfants meurent dans le Tiers-Monde, mais nous persistons, nos élites politiques en tête, dans l'abstention.

Cet isolement tranquille mais illusoire fait maintenant partie des mœurs. Vouloir parler de l'étranger, prétendre en tirer des enseignements et souhaiter collaborer à l'avenir collectif de la planète, est un domaine réservé aux idéalistes barbus ou aux journalistes qui aiment voyager dans le Sud l'hiver.

Il nous semblerait même tout à fait anormal que, dans le domaine des relations internationales, le Canada se distingue, innove, proclame une personnalité propre et tienne un discours fondé sur la compassion et l'ouverture plutôt que sur le cliché éculé de notre participation à la défense du monde libre.

En octobre dernier, M. Mulroney prononçait un discours à la prestigieuse et très officielle tribune de l'Assemblée générale des Nations-Unies. Le contenu de ce discours était tellement percutant que le «National» de CBC n'en fit qu'une très brève mention, après la médaille d'or de Caroline Waldo, trois reportages sur les derniers développements dans l'affaire Ben Johnson, la disqualification pour dopage de deux athlètes britanniques, un retour sur l'exploit de Mme Waldo, la navette spatiale américaine, la soviétique, les cotes de la Bourse et le prix de l'or. Qu'on se le dise, le Canada est contre la pauvreté, pour la protection de l'environnement et pour la paix. Avec un tel programme, tous les Canadiens peuvent, sans craindre d'offenser personne, faire leurs valises et parcourir le vaste monde.

Pour mon plus grand plaisir, j'ai pu constater qu'être Canadien, quand on travaille à l'étranger, comporte des avantages inestimables. Citoyen d'un pays sans puissance et aux intérêts timides même quand ils sont grands, le Canadien ne suscite ni colère ni envie, ni controverse ni passion. Cette acceptation passive correspond assez bien à l'âme du pays: sans colère ni passion, grise et «drabe» comme nos débats politiques.

Le Canadien errant peut donc arpenter le monde, son unifolié bien en vue lui garantissant une totale immunité contre ces maladies modernes que sont l'enlèvement, la voiture piégée et l'assassinat politique. Ce sont là, je l'admets, des avantages indéniables, surtout pour un journaliste qui fréquente le Proche-Orient, avantages de notre petite taille et de notre absence de personnalité. Car dans le monde, le Canada se contente d'être un pays parmi tant d'autres, préférant la grisaille de l'ambiguïté aux couleurs de l'affirmation.

Combien de fois, en reportage dans les pays arabes, m'a-t-il fallu expliquer sans conviction que le Canada est théoriquement favorable aux droits des Palestiniens, mais qu'en pratique, il est plutôt favorable au droit d'Israël de faire n'importe quoi des droits des Palestiniens?

Combien de fois, fier de citer la position claire du Canada contre l'apartheid, ai-je dû admettre que le gouvernement Mulroney n'avait toujours pas rempli sa promesse, vieille de trois ans, de suspendre les relations diplomatiques avec Prétoria et d'imposer de nouvelles sanctions économiques si des progrès réels vers la démocratie n'étaient pas réalisés en Afrique du Sud?

Combien de fois, après avoir parlé du Canada terre d'accueil, ai-je dû, l'air penaud, avouer que chez nous, un joueur de hockey tchécoslovaque en danger de ne pas devenir millionnaire dans son pays, fait un réfugié politique bien plus légitime qu'un syndicaliste salvadorien en danger de mort?

Drôle de gouvernement qui accueille comme réfugié politique le premier Polonais fatigué de faire la ligne pour acheter de la vodka à Varsovie, mais qui considère comme non admissibles des émigrants qui fuient la guerre civile, la famine ou les deux à la fois. Drôles de gouvernement et de pays qui ne se sont pas encore rendu compte que ceux dont on disait qu'ils choisissaient le camp de la liberté sont maintenant dépourvus de raisons politiques quand ils désirent quitter les pays de l'Est. Drôle de gouvernement qui ne sait pas encore que les «goulags» ont déménagé et que les tortionnaires sont plus nombreux en Amérique centrale que dans les pays communistes.

Le Canada étouffe dans les beaux principes. Nous sommes pour la veuve et l'orphelin s'ils ne viennent pas de Turquie, pour l'eau pure et les grands espaces s'il s'agit des nôtres. Nous soutenons toujours le changement dans la démocratie, même quand la démocratie est interdite. Nous défendons fermement les droits de l'homme, mais il semble que dans le lexique du Secrétariat aux affaires extérieures, on ait oublié d'inclure les Palestiniens dans la catégorie des humains.

Il fut un temps où le Canada se permettait quelques audaces. Le maintien de nos relations diplomatiques avec Cuba dans les années 60 provoquait le courroux de Washington, mais enchantait les armateurs qui utilisaient les ports canadiens pour transiger avec Castro. Nos relations commerciales puis diplomatiques avec la Chine populaire nous situaient hors de l'orbite américaine et engraissaient les revenus des cultivateurs de l'Ouest. Tant mieux si les intérêts commerciaux conduisent un pays à reconnaître le droit des autres pays à déterminer leur propre mode d'existence.

Sous Pierre Trudeau on joua avec le concept d'un lien contractuel avec la Communauté économique européenne. Mais comme le Canada désirait deux épouses, l'Europe et les États-Unis, sans être accusé de bigamie, il n'y eut pas de fiançailles. Même dans nos alliances indéfectibles et sacrées, nous sommes des amoureux timides et distants. Notre participation à l'OTAN constitue la pierre angulaire de notre politique internationale, mais notre contribution monétaire *per capita* à la sainte Alliance, la seule contribution qui compte, est à peu près comparable à celle de cette autre grande puissance qu'est le Luxembourg.

Dans le monde, le Canada a choisi tous les défauts de sa petitesse et aucune des qualités de cet état. Timides devant les grands, racoleurs devant les puissants, petit frère psychologiquement handicapé du grand frère bagarreur américain, nous nous contentons de peu.

Que d'occasions ratées, que de chances d'innover dans la coopération et la solidarité qui nous passent sous le nez.

Arrêtons-nous un instant et considérons notre petitesse et notre modestie comme des avantages et des qualités, comme des traits de caractère qui pourraient nous rendre utiles et nous donner fierté. Dans un monde où la méfiance est la règle, notre absence d'ambition hégémonique, économique ou culturelle, nous permettrait d'élaborer une politique étrangère fondée sur la tolérance, le respect des différences, sur la décence et la promotion active et concrète des droits humains.

La petitesse du Canada, sa complexité démographique, sa fragile personnalité culturelle et sa filiation à deux grandes cultures universelles nous offrent la possibilité de jouir d'un luxe rare pour un pays: le luxe de la franchise, de l'indignation, de la liberté de dire et de faire. Traduire en actions, et non en paroles, ces qualités profondes nous donnerait l'impression de réaliser des choses sans passer pour un gros État américain doté d'un statut particulier.

7 NOVEMBRE

Devant les membres de la Fédération des affaires sociales, le président de la CSN, Gérald Larose, a fait un plaidoyer en faveur du recours à la grève, qui demeure selon lui et peu importe dans quel domaine, l'arme privilégiée des revendications syndicales.

S'il y a au Québec un discours fossilisé, dogmatique et dépassé, un discours comparable dans son ouverture et sa réflexion aux proclamations du pape sur l'avortement, c'est bien celui des leaders de la CSN et de la CEQ. Parlant «urbi et orbi» sur tout et sur rien, condamnant et pardonnant avec la souplesse de l'Inquisition, ces gens et les organisations qu'ils dirigent n'ont pas leurs équivalents dans aucune autre société. Ils sont uniques et leur syndicalisme est unique, en particulier celui qui se pratique dans les secteurs publics et parapublics. Mais ils font partie des vaches sacrées du Québec; leur remise en question est interdite sous peine d'hérésie réactionnaire et de blasphème antiprogressiste. Or, il n'y a rien de plus réactionnaire et de plus conservateur que le syndicalisme québécois dans le secteur public. La seule différence entre ce syndicalisme et le corporatisme des médecins ou des dentistes réside dans les salaires des membres et des dirigeants. Pour le reste, c'est la même philosophie de protection des intérêts des membres, maquillée par le grand mensonge de la protection du bien public. Plus les médecins et les enseignants seront bien payés, plus leur sécurité sera totale, plus vous serez en santé et parlerez un français impeccable. Mon œil!

À la fin des années 60, Jacques Parizeau était conseiller auprès du premier ministre Daniel Johnson. Le secteur public, aux employés de plus en plus nombreux, faisait face à une situation chaotique. Multiplicité de petites commissions scolaires, hôpitaux et hospices de toutes sortes, gérés en majorité par des communautés religieuses, syndicalisation débutante et surtout inégalité de conditions de travail selon les régions ou selon les communautés. Pour les gens comme Parizeau et quelques autres planificateurs de l'époque qui tentaient de rendre concret le slogan de l'égalité des chances, il ne pouvait y avoir d'autre solution que l'harmonisation des conditions de travail et l'égalité des services. Les grèves dans les hôpitaux l'avaient démontré clairement. Le Québec s'engagea donc dans des négociations provinciales et facilita la création de deux géants syndicaux, la CSN et la CEQ.

Mars 1980: Jacques Parizeau est ministre des Finances et il pète de bonheur. «Je suis assez content», déclare-t-il à l'Assemblée nationale en faisant le bilan des négociations. Bien sûr, il y a des surprises désagréables, comme ces 1 600 enseignants oubliés qui entrent sur la page arrière de la convention collective et qui coûteront 100 millions de dollars de plus à l'État. Ce que Jacques Parizeau ne dit pas, c'est que malgré les déclarations répétées du premier ministre, malgré celles encore plus alarmistes du ministre de la Fonction publique, ce gouvernement réformateur a, comme tous les autres, renoncé à revoir en profondeur un régime syndical qui a transformé nos institutions publiques en blocs de ciment et leur administration en casse-tête insoluble.

Quinze ans de luttes contre les inégalités par décret, 15 ans de progrès par réglementation, 15 ans de favoritisme pro-grandes centrales syndicales, 15 ans de normalisation par centralisation ont créé une situation abracadabrante.

Même si les affrontements sont moins violents que par le passé, nous avons toujours un État et un syndicalisme parmi les plus fonctionnarisés et bureaucratisés au monde. Nos hôpitaux ne gèrent pas la santé, mais l'application du contrat de travail. L'évolution des méthodes de gestion de l'appareil étatique est gelée dans un carcan. Nous possédons, enfin, une seule et énorme commission scolaire, dont le ministre est le seul commissaire, le syndicalisme le seul électeur, et dans laquelle l'élève est une norme.

Contrairement à d'autres pays où les enjeux importants sont déterminés, du moins théoriquement, lors des élections, 50 p. cent de l'activité financière de l'État sont décidés ici pendant des négociations toutes aussi privées que celles d'une entreprise privée. La centralisation a littéralement évacué les citoyens des champs de l'éducation, des soins hospitaliers et du fonctionnement de l'État. Comment pourrait-il en être autrement? Deux divinités provenant de la même cuisse de Jupiter s'en occupent pour nous. Deux géants, frères jumeaux, se sont mutuellement inventés, fréquentés, trompés puis fréquentés de nouveau. Et les véritables joueurs, ceux qui déterminent les règles, n'ont pas changé: ce sont les hauts fonctionnaires anonymes de l'État et des centrales syndicales qui s'entendent comme larrons en foire, pendant que nous perdons notre temps à changer de gouvernements.

L'organisation de nos grandes institutions n'est aujourd'hui compréhensible que par une classe spéciale, une classe unique et fermée, la franc-maçonnerie du contrat collectif.

On s'est scandalisé, il y a quelques années, quand l'Assemblée nationale a adopté 80 000 pages de décrets en quelques heures. Pourquoi ces hauts cris? Les députés auraient lu tous les articles et le résultat aurait été identique. Pas plus que nous, ils n'auraient vraiment appris quel genre d'écoles ou d'hôpitaux on inventait. Même les permanents de ce cycle conventionnel ne sont plus capables de chiffrer leurs propres accords. On ne connaît maintenant le coût réel d'un contrat collectif québécois que quelques années après qu'il soit échu.

On a trouvé un coupable immédiat et ce sont les grandes centrales syndicales. On ne peut pas dire que leurs dirigeants ont jusqu'ici péché par excès de modération et de respect pour l'ensemble de la population. Il est temps d'ailleurs que l'on remette en question l'obligatoire adhésion des travailleurs aux syndicats et que celle-ci se fasse librement, comme en France par exemple. Mais on ne changera pas l'institution syndicale en conservant le même type d'État.

Cet État bureaucratique a le syndicalisme bureaucratique qu'il mérite. Ce ne sont pas les enseignants syndiqués qui, seuls, ont créé un État dans l'État, c'est l'État planificateur qui a créé l'État syndical. C'est encore l'État qui a permis les monopoles *de facto* dont jouissent certaines centrales. C'est l'État, conseillé par Jacques Parizeau, qui a inventé la négociation sectorielle. C'est le gouvernement libéral qui, par décret en 1972, a accordé l'indexation automatique des salaires. Et c'est aujourd'hui un gouvernement libéral qui, comme tous ses prédécesseurs, poursuit la même fuite en avant. On peut bien dénoncer l'appétit de pouvoir qui anime les dirigeants syndicaux, mais cela ne sert à rien si on ne comprend pas qu'il est la contrepartie du viol des pouvoirs locaux commis par ceux qui nous gouvernent depuis 20 ans.

8 NOVEMBRE

La campagne électorale se déroule comme si le Parti québécois n'existait pas. Tout ce beau monde appuie le libre-échange, convaincu que l'Ontario y perdra le plus et que les rapports économiques Est-Ouest seront modifiés en faveur de nos relations avec le Sud, détachant ainsi le Québec du Canada et ouvrant de nouvelles perspectives à ceux qui rêvent encore d'indépendance. Et puis, menace ultime comme le déclarait M. Parizeau il y a quelques jours, si le libre-échange n'est pas accepté, «l'Ontario se sauvera avec la caisse». Moins sophistiqués mais plus francs, certains de mes amis péquistes favorisent le libre-échange parce que «ça emmerde les Anglais de Toronto» et que la disparition prochaine de leur fragile culture «canadian» prouvera l'absurdité du nationalisme canadien. Pour le reste, c'est la routine des bureaucraties éternelles. Le PQ a un comité central, le PQ a un chef et des députés, mais le PQ n'a plus d'âme et ne sait trop à quoi il peut bien servir.

Le PQ existe encore un peu pourtant, comme le Parti communiste en France. On ne sait plus quel est son rôle immédiat et quelles sont les batailles qu'il nous propose, mais il est là, faisant partie du paysage, comme la pluie ou le beau temps. Il est là pour le souvenir, serait-on tenté de dire.

Le PQ a maintenant son chef incontesté en Jacques Parizeau, son Georges Marchais débonnaire et satisfait comme ceux qui savent que l'histoire les accompagne de son grand manteau de velours. En France, une minorité permanente, un noyau pur et dur, qui s'autoperpétue sans jamais grandir, croit encore à la lutte des classes même si la France n'y croit pas et n'en veut pas. C'est la

France qui a tort. Ici, une minorité relativement stable
(entre 12 et 20% depuis 20 ans) croit à l'indépendance,
même si le Québec n'y a jamais cru et a refusé de s'aven-
turer dans bien plus petit. C'est le Québec qui se trompe.
Je me méfie des gens qui veulent sauver les autres malgré
eux, surtout si on leur a déjà dit clairement qu'on ne
veut pas être sauvé. Les peuples ont le droit absolu de
choisir leur existence même si elle est petite. Nous avons
choisi. Je le regrette, mais n'en parlons plus. Ou du
moins, cessons d'en parler comme si cette question
n'avait pas fait l'objet d'un débat plus que centenaire et
que la réponse avait été ambiguë ou imposée. La réponse
était claire.

L'apparente incapacité du PQ à se trouver un nouveau souffle tient aussi, et on l'oublie trop souvent, à la
nature artificielle du Parti. Ce parti était celui de René
Lévesque. Seule sa présence, son charisme et sa popularité auprès de l'ensemble des Québécois ont permis au
PQ de durer et de prendre le pouvoir. Sous Lévesque et
jusqu'au référendum, indépendantistes de droite et socio-
démocrates modérément nationalistes acceptaient de
cohabiter et partageaient des objectifs sinon identiques,
du moins conciliables. Vieux nationalistes, jeunes loups
technocrates, créditistes populistes, honnêtes ambitieux,
libéraux réformistes fidèles à Lévesque, tous ces gens
différents acceptaient de mettre leur identité dans leur
poche pour se fondre dans un large consensus. Mais
Lévesque est mort et la souveraineté n'est plus un objectif réaliste à court ou à moyen terme. C'est plus que suffisant pour transformer un grand mouvement, ce qu'était
le PQ, en un petit parti, ce qu'il est aujourd'hui.

9 NOVEMBRE

L endemain d'élections aux États-Unis. Ce matin à son arrivée à Washington, le président élu Georges Bush a rappelé aux Américains qu'ils vivaient dans «la plus vieille et la plus grande démocratie au monde». Ce qui est fascinant, c'est qu'il le croit sincèrement tout comme la grande majorité des Américains et des Occidentaux et en particulier les Canadiens. Pourtant, c'est un mythe pernicieux qui ne résiste à aucune analyse sérieuse.

Historiquement, George Bush a raison. La démocratie américaine a plus de 200 ans. Quant à être la plus grande, cela fait partie des mensonges grossiers qui constituent le mythe américain. Car il n'y a aucun pays développé où la qualité de vie soit aussi médiocre, la violence aussi répandue, la pauvreté aussi aiguë, les sans-abris aussi nombreux, la sécurité sociale aussi déficiente et la vie démocratique nationale aussi moribonde. Oubliez la richesse apparente de la télévision, les plages tranquilles de la Nouvelle-Angleterre, la fantaisie naïve de Disneyland et l'image prospère des gratte-ciel de Manhattan. Oubliez le refrain bien connu sur le pays le plus puissant du monde et tentez de trouver en Occident un pays aussi délabré physiquement et moralement. Vous aurez beau chercher, vous n'en trouverez pas.

Que seulement la moitié des Américains ait décidé de voter, la plus faible participation depuis 1924, n'est qu'un signe parmi d'autres. Que la moitié des électeurs ait choisi son candidat parce qu'elle n'aimait pas son adversaire, en est un autre. Et ici, je parle d'aimer dans le sens de «j'aime Velveeta». Que même le très conservateur et patriote Barry Goldwater ait déclaré qu'il n'avait aucune idée de ce que proposaient les deux candidats pour l'avenir du pays est aussi très significatif.

Dans une démocratie l'électeur mesure avec plus ou moins de précision le travail du gouvernement. Il se préoccupe, ne serait-ce que quelques minutes, des grands problèmes de l'heure. Puis il fait un choix plus ou moins influencé par les campagnes publicitaires des candidats.

En 1980, Ronald Reagan a été élu en promettant sur la Bible d'équilibrer le budget américain et de redonner à la classe moyenne la prospérité que des années d'intervention gouvernementale lui avaient subtilisée. En huit ans, la dette du gouvernement a triplé et on retrouve maintenant parmi les sans-abris de plus en plus de membres de cette classe moyenne que huit années de capitalisme sauvage ont laissés pour compte. George Bush a réussi à se faire élire en promettant de poursuivre exactement la même politique et sans dire un mot sur ce gouffre financier qui conditionne l'ensemble des économies des pays développés. Trente-sept millions d'Américains ne bénificient d'aucune assurance médicale. Silence total. Depuis des années, les réacteurs nucléaires de Hanford, de Rocky Flats, de Fernald et de Savannah River, qui appartiennent à des entreprises privées mais qui travaillent exclusivement à la fabrication de l'arsenal nucléaire américain, polluent l'environnement, mettent en danger la vie des employés et, dans le cas de Hanford, la vie de milliers d'habitants. Le gouvernement le savait, les entreprises aussi, mais, raison d'État oblige, on a tout camouflé. Tout cela est au moins aussi grave que l'accident de Tchernobyl et dans tout autre pays du monde aurait constitué un des enjeux importants de la campagne électorale. Mais pas dans «la plus grande démocratie du monde».

Pour qu'on puisse parler de démocratie, il faut qu'il y ait des choix et des possibilités de changement. Aux États-Unis, le système démocratique est tellement perverti, tellement caricatural qu'il interdit les idées et le changement.

Cette semaine, l'hebdomadaire *Newsweek*, qu'on ne peut accuser d'antipatriotisme, publiait un article éloquent sur la Chambre des représentants dont les membres sont élus tous les deux ans. *Newsweek* rappelait que sur 435 sièges, seulement 10 faisaient l'objet d'une contestation sérieuse. Dans 59 cas, le politicien sortant n'avait aucune opposition réelle, mais ces 59 représentants avaient amassé la jolie somme de 14,8 millions de dollars auprès des lobbyistes, argent qu'ils distribuent à leurs camarades moins fortunés en échange de «considérations futures» comme on dit dans le monde du hockey. Quant aux 33 sénateurs qui tentaient d'être réélus, ils disposaient de 102 millions de dollars alors que leurs opposants n'avaient que 38 millions de dollars.

De conclure *Newsweek*: «La Chambre des représentants est devenue un Congrès permanent», un club fermé qui n'accueille de nouveaux membres qu'en cas de décès ou de déménagement. Le résultat est aberrant: il y a deux ans, 98,5 p. cent des membres de la Chambre ont été réélus, soit un taux de renouvellement plus élevé que celui du Comité central du Parti communiste soviétique où, pourtant, les candidats n'ont pas d'opposition.

Pour l'élection présidentielle, le processus de sélection, puis les mécanismes de mise en marché, interdisent toute forme de débat et encore plus d'originalité de la part des candidats. Pour remporter la mise en nomination de son parti lors des élections primaires, l'homme politique américain doit s'émasculer. Il doit faire appel et plaire à tellement de clientèles différentes, aux intérêts souvent opposés, qu'il est presque suicidaire de proposer un programme. Les idées étant interdites parce que dangereuses, il ne reste plus à l'aspirant président qu'à présenter une image, une couleur, un son, un slogan, en espérant qu'à la roulette des symboles, il tombe sur le bon numéro.

Les médias jouent le jeu allégrement. Ils sont bien plus à l'aise dans l'image et l'analyse de l'image que dans la réalité. La télévision américaine a renoncé systématiquement à faire de l'information politique. Dans un monde où l'on croit qu'il y a un rapport entre *Miami Vice* et la réalité et que «Dallas» est le Texas, l'information telle que nous l'entendons ici n'est pas rentable. Et si la démocratie n'est pas rentable, la démocratie ne peut être américaine. Quant à la presse écrite, pour concurrencer la télévision, elle s'est transformée depuis Watergate en agence de détectives privés, mesurant l'intelligence politique des candidats à leur capacité de cacher leurs liaisons amoureuses ou leurs citations empruntées.

Il n'existe en fait aux États-Unis qu'un seul parti, comme en Union soviétique, c'est le parti des politiciens. Il y avait plus de différences entre Brian Mulroney et Joe Clark, lors du congrès à la chefferie des conservateurs, qu'il y en avait entre les démocrates et les républicains durant cette élection. Si «la plus grande démocratie au monde» ne peut offrir que le choix entre deux commerciaux télévisés, vive la dictature! Elle, au moins, ne peut prendre de déguisement et peut être renversée.

Par définition, les mythes ont la vie dure. J'en connais peu qui se perpétuent aussi facilement que le mythe de la prospérité américaine. De tous les pays que j'ai visités, les États-Unis sont celui avec lequel je suis le plus familier et c'est le seul où je ne vivrais pas. Au moment où nous nous apprêtons à partager les mêmes objectifs économiques, c'est une constatation qui m'effraie. Car derrière la prospérité statistique des États-Unis se cache la faillite du bonheur quotidien. Et quand je parle de bonheur, je ne fais pas allusion à un sentiment éthéré et romantique, je parle de la capacité qu'a le citoyen moyen de marcher sans crainte jusqu'à son lieu de travail, de pouvoir être hospitalisé s'il y subit un accident et de ne pas être obligé de vendre sa maison gagnée au prix de 20 ans d'efforts pour pouvoir payer les frais d'hospitalisation. C'est un bonheur qui est tellement quotidien ici qu'il nous apparaît aussi normal que la neige en hiver. Aux États-Unis ce bonheur s'appelle un rêve irréaliste et trop coûteux pour l'économie, ou plus simplement un salaire supérieur à 100 000$. Cela fait beaucoup de gens qui attendent à la porte du malheur.

10 NOVEMBRE

Il y a 50 ans aujourd'hui, commençait une des pages les plus honteuses de l'histoire. Dans la nuit du 9 au 10 novembre 1938, la Nuit de cristal, des dizaines de milliers de Chemises brunes menées par Joseph Goebbels, ministre de la Propagande du Troisième Reich, se répandent dans les rues des principales villes d'Allemagne. Ils assassinent des Juifs, organisent la déportation de 20 000 d'entre eux, brûlent 200 synagogues et font voler en éclats les vitrines des magasins appartenant aux Juifs. Sept ans plus tard, quand on libéra les premiers survivants des camps de concentration nazis, 6 millions de Juifs avaient été exterminés dans le silence plus ou moins complice de tous les pays occidentaux.

On reproche souvent aux Juifs, du moins en privé, de toujours se référer à l'Holocauste lorsque, à tort ou à raison, ils se sentent menacés ou victimes de discrimination. Souvent en Israël j'ai été troublé, agacé par leur évocation constante de cette tentative d'élimination

totale d'un peuple, une tentative scientifique, mathématique, calmement planifiée comme une stratégie de développement économique. Que les Israéliens se servent de
l'horreur dont ils ont été victimes pour expliquer inconsciemment leurs propres excès en aucune façon compara-
bles n'a finalement pas beaucoup d'importance. S'il est
une mission que le peuple juif doit remplir, c'est bien
celle qui consiste à nous imposer le souvenir et la mémoire.

Nous sommes déjà trop nombreux dans cette société
qui banalise toutes les violences et toutes les intolérances
à penser que le nazisme est une aberration historique,
une sorte de hiatus dans une histoire qui témoigne,
somme toute, de la grandeur ultime de l'espèce humaine.
Nous sommes aussi trop nombreux à penser que la
nature humaine évolue fondamentalement et que le progrès, la fréquentation de la démocratie, la sophistication
des idées peuvent se conjuguer pour rendre une société
imperméable aux vagues de fonds irrationnelles qui ont
transformé l'âme collective du peuple allemand en
machine à exterminer. Seul, le rappel permanent de nos
atrocités possibles peut nous mettre à l'abri des premiers
pas qui mènent inexorablement au fascisme.

L'histoire n'est pas comme un saucisson dont les
tranches disparaissent au fur et à mesure que le repas
avance. Qu'on me dise quelle différence essentielle existe
entre un Allemand cadre moyen et père de famille qui
avait 30 ans en 1938 et un Québécois moyen de Rimouski
de 1988, et je serai rassuré. Or je ne suis pas rassuré et
j'espère ne jamais l'être. L'intolérance, le sentiment de
supériorité, la volonté d'exclusion, puis le fascisme, ce
n'est pas dans les chambres à gaz qu'ils existent mais
dans le premier réflexe qui fait attribuer à une personne
ou à un groupe la responsabilité absolue d'un problème
dont NOUS faisons partie.

Pour mener une société du fascisme virtuel au fascisme triomphant, peu de choses et surtout, peu de gens sont nécessaires. En 1928, les nazis ne recueillirent que 600 000 votes. En 1930, ils passèrent à 6,5 millions. En 1934, Hitler prenait le pouvoir.

Le fascisme c'est l'autodéfense par la négation et l'exclusion. Il existe dans chaque société. Le 15 p. cent de Français qui expulserait tous les travailleurs étrangers peut, si les circonstances sont «favorables», se transformer en 15 p. cent de fascistes militants et radicaux. Les millions d'Américains qui suivent les enseignements des prédicateurs fondamentalistes et qui excluent du royaume de Dieu les homosexuels, les drogués, les sidatiques, les communistes et les gens ordinaires qui sont favorables à l'avortement sont de la graine de nazis. Il ne manque qu'une catastrophe économique, qu'une menace à LEUR ordre social pour qu'ils agissent comme tel. Nous ne sommes pas à l'abri. Les Gilles Rhéaume, William Johnson, Hans Marotte sont de la même famille. Les jardiniers de la haine qui font les grosses cotes d'écoute de la radio privée, les André Arthur, les Gilles Proulx qui parlent, la bouche écumante, des «maudits Anglais» et des «drogués» font appel au même inconscient violent et irrationnel qui nous a donné la Nuit de cristal.

11 NOVEMBRE

Sondage Gallup. Deux Canadiens sur trois souhaiteraient se prononcer sur le libre-échange par voie de référendum. Mais ce serait trop simple. «Êtes-vous pour ou contre le traité de libre-échange?» En fait, ce serait trop bêtement et parfaitement démocratique. Non, on nous pose plutôt le problème suivant: «Voulez-vous voter pour telle nouille (favorable au libre-échange) qui va donner une majorité à la Chambre au Parti conservateur que vous n'aimez pas parce que son attitude à l'endroit des réfugiés est réactionnaire?» Ou encore, vous êtes néo-démocrate, férocement nationaliste québécois et favorable au libre-échange. Vous êtes conservateur et opposé au libre-échange parce que vous avez connu Diefenbaker et haïssez les Américains. Dans les trois cas et des milliers d'autres, il n'y a que deux solutions, ne pas voter ou voter Rhinocéros ou communiste, c'est le même parti.

Et le 21, vers minuit, un des chefs de parti va remercier la population canadienne de lui avoir accordé un mandat clair et précis pour ou contre le libre-échange. «Élémentaire, mon cher Watson.»

12 NOVEMBRE

Découvert aujourd'hui des chiffres fascinants sur la drogue aux États-Unis, des chiffres qui illustrent dramatiquement la petitesse numérique de notre société. La population entière du Canada est à peu près égale au nombre d'Américains qui ont consommé de la cocaïne. Celle du Québec est équivalente aux Américains qui «font» quotidiennement de la «coke». C'est beaucoup de drogués, mais bien peu d'habitants. Le nombre est une notion que nous avons toujours refusé de considérer, d'admettre comme limite et obstacle infranchissables. À la réalité démographique, nous avons substitué la réalité sociologique ou nationale. L'équation est aussi simple qu'aberrante. Un pays est un pays; une société est une société. Et si nous voulons exister comme tels, il nous faut absolument nous doter de tous les attributs, de toutes les fonctions d'un pays normal.

La réalité mathématique, elle, n'a que faire des exigences irrationnelles des rêveurs de pays. Elle est bête et méchante, inexorable et infléchissable. Une société, fusse-t-elle la plus évoluée et la plus audacieuse, produit bon an, mal an, un pourcentage x d'imbéciles et de malades, un pourcentage y d'êtres moyens, tranquilles et aspirant au confort, et enfin une proportion z de génies, d'innovateurs et de créateurs.

La Suisse est petite, mais elle produit beaucoup de montres, de chocolat, de neige, de banquiers et de raclette. Elle produit peu de Camembert, de poulardes de Bresse, de chanteurs, de livres, d'émissions de télévision, de théâtre et de logiciels. Elle produit tellement peu d'êtres humains qu'elle importe des travailleurs. Elle fait partie de trois univers linguistiques dont les capacités sont énormes par rapport aux siennes. La Suisse puise le meilleur de ces richesses et rajoute son accent quand elle en sent le besoin. Les Suisses, tout compte fait, se débrouillent assez bien et n'ont pas l'impression d'être moins vrais que les Français, les Italiens ou les Allemands. Les Suédois produisent beaucoup de Volvos, de papier, de programmes sociaux et d'aquavit, mais peu de vedettes internationales, de salami, de vins français et de wagons de métro. Cela s'appelle accepter la loi des nombres et ne pas vouloir réinventer la théorie des ensembles avec un Commodore 64.

Durant des décennies, curés et nationalistes nous ont dit que notre seule chance de survie, petit peuple que nous étions, résidait dans la pureté de la race et l'intransigeance de notre foi. Refus du contact avec l'étranger, fermeture aux valeurs et aux technologies modernes, immigrants impurs rejetés chez les Anglais, l'autre communauté menaçante, ignorance crasse du reste de l'univers, tel fut le lot de notre premier réflexe de survie en tant que petit peuple.

La Révolution tranquille et le nationalisme moderne nous amenèrent un autre clergé et un autre dogme devant assurer non seulement notre survie, mais notre épanouissement: celui de notre incomparable originalité en tant que peuple. Notre taille n'avait aucune importance. Nous serions la première grenouille de l'histoire à devenir aussi grosse que le bœuf, tout en réfutant la morale qui concluait la fable de La Fontaine. Cessons de nous comporter comme des colonisés, prêchaient ces chanoines, le Québec est un peuple normal et quand il aura un pays normal, il pourra tout faire. Nous n'eûmes jamais de pays normal et décidâmes non pas de tout faire mais de tout essayer.

Bien sûr, le Québec devait se doter de nouvelles structures, d'institutions modernes. Bien sûr, notre survivance culturelle nécessitait la création d'outils socio-culturels autant qu'économiques. Tout cela ne pouvait exister qu'à travers un État fort et interventionniste s'appuyant sur des lois originales mais parfois contraignantes. Nous n'avions pas le choix, nous n'avons toujours pas le choix. Nous l'avons fait, autant avec l'Union nationale qu'avec les libéraux et les péquistes et nous l'avons assez bien fait. Mais sur notre lancée nous avons aussi décidé de faire semblant que nous étions nombreux et riches.

Curieuse société qui a trois gouvernements. Un gouvernement étranger à Ottawa et deux gouvernements à Québec: le gouvernement de l'État-nation québécois et le gouvernement de la province canadienne. Et comme si ce n'était pas suffisant, nous nous sommes aussi donné des villes chapeautées par des communautés urbaines, et des villages par des municipalités régionales. Nous avons aussi des commissions scolaires et, pour les grandes villes, des conseils scolaires. Nous avons procédé à la même multiplication des pains avec les services de santé et les universités. Et dans une logique admirable, nous avons installé des gens que nous payons derrière tous ces bureaux. Nous avons choisi d'être les citoyens les plus gouvernés de la terre et nous nous plaignons que les impôts soient élevés.

Nous avons 200 théâtres d'été, un par coin de rue, et nous sommes surpris de la médiocrité de certains. Nous publions, bon an mal an, plus de 3 000 livres. Nous avons déjà été les plus grands producteurs et les plus grands consommateurs de disques *per capita* de tout l'univers. Nous avons plus de vedettes soi-disant internationales que la France.

Le Québec produit, toujours *per capita*, plus d'émissions de télévision que tout autre pays. Plus d'information, seulement à Radio-Canada, que dans les trois grands réseaux nationaux aux États-Unis. Nous nous plaignons de toujours voir les mêmes gens à la télévision et oublions que pour 6 millions de francophones, il y a quatre grandes chaînes.

Toujours proportionnellement, nous avons le réseau scolaire le plus coûteux en Occident et une des fonctions publiques les plus pléthoriques. Nous voulons tout accomplir sans nous préoccuper d'en avoir les moyens financiers et les ressources humaines.

Il y a des lois mathématiques et physiques que même le nationalisme québécois ne peut transgresser. Dans tous les pays du monde, plus on allonge la sauce, moins la sauce est relevée. Plus le nombre d'objets désirés est grand et plus la somme d'argent disponible est petite, plus on choisit d'acheter des objets de mauvaise qualité. Ce n'est pas que les Québécois soient moins intelligents que les Français, c'est tout simplement que nous sommes moins nombreux. Si nous acceptions cette constatation bête et froide, nous accomplirions un grand pas dans la recherche de l'excellence.

14 NOVEMBRE

S auf dans les journaux et à la télévision, la grève des étudiants dans les cégeps se termine dans l'indifférence la plus totale. Grève de riches dans un pays riche, inutile parce qu'irréelle, inventée de toutes pièces par des étudiants graphistes en mal de pancartes à dessiner, elle a été traitée comme telle par le gouvernement et l'ensemble des étudiants. Ce genre d'incident qui prend dans les journaux plus de paragraphes qu'il y a de piqueteurs, constitue une des facettes du surréalisme intellectuel québécois. Il y a encore des gens qui ne savent pas que les leaders de Mai 68 sont aujourd'hui à la tête du gouvernement français et surtout, il y a encore des gens sérieux pour parler de ces nostalgiques.

Comme toujours, les premiers et les derniers à faire la manchette sont les étudiants en sciences humaines de l'Uqam, ou plutôt les quelques centaines d'étudiants à quart et à vingtième temps, qui parlent régulièrement au nom des 12 000 étudiants de cette famille. Robespierre et Bonnot de la rue Saint-Denis, spécialistes du «raconte-moi ton vécu» et du «Ryan = Hitler», organisent annuellement une fermeture de bouches de métro ou un sit-in de corridor. Cette fois, les derniers 500 grognards de la révolution québécoise déclarent qu'ils vont poursuivre la grève et tenter d'entraîner avec eux leurs confrères de l'Université de Montréal. En fait, ils vont calmement rentrer chez eux, mais ils ont fait la une de *La Presse*. C'est toujours ça de pris.

Ce genre d'événement m'a toujours posé un sérieux problème d'éthique professionnelle. Le journaliste est-il condamné à tout rapporter, sous prétexte que cela se produit? Pourquoi traiter avec le même sérieux apparent une centaine de fumistes qui usurpent littéralement le milieu qu'ils prétendent représenter, et l'exécutif d'un petit syndicat qui découvre que les propriétaires sont partis avec la caisse de retraite? Il n'y a aucune raison, sinon que des étudiants avec des pancartes, c'est plus vivant qu'un rapport complexe d'experts comptables. En rapportant un événement ou des propos, les médias les font exister. Dans une certaine mesure, ils les créent. Et il nous arrive souvent de donner des corps à des fantômes. Qu'y a-t-il de plus mensonger que le titre suivant: «Les étudiants du collège X déclarent la grève», quand on apprend dans le troisième paragraphe que 235 étudiants sur 400 ont décidé de fermer un collège fréquenté par 3 000 étudiants? Il n'y a qu'un titre qui puisse témoigner de cette réalité et c'est «7,8 p. cent des étudiants du collège X votent en faveur de la grève». Par inconscience, par paresse et souvent par affinité avec tous les mouvements contestataires, nous entrons régulièrement dans le jeu des activistes minoritaires, des professionnels de la conférence de presse, des corps intermédiaires qui ne représentent que le nombre de lettres qui composent leur sigle compliqué.

Le journalisme de chaque jour se nourrit de ces demi-fictions, de cette pléthore d'organismes «représentatifs», de ces associations aux noms ronflants qui n'existent que pour et par les médias. Une bonne partie de notre travail consiste à tenir le carnet mondain de ce monde plus ou moins réel qui fait le bonheur et la richesse des professionnels de la communication. Les conséquences sont plus profondes qu'il n'y paraît. Les Québécois sont nombreux à penser que la réalité sur la langue se résume à l'opinion de la Société Saint-Jean-Baptiste, du Mouvement pour le Québec français et d'Alliance Québec. Pourtant, la Société Saint-Jean-Baptiste est une coquille vide, le MQF une coquille presque vide et Alliance Québec un mouvement qui n'existe que grâce aux subventions du fédéral. Dans le domaine économique, les opinions du Conseil du patronat et des centrales syndicales constituent la somme de nos attitudes collectives. Pourtant, le Conseil du patronat c'est bien plus le très agréable Ghislain Dufour toujours prêt à se prononcer sur n'importe quel sujet que l'ensemble des patrons du Québec. Mais cela convient aux journalistes. C'est commode et rapide. Pour mettre la société en pages ou en images, les médias ont besoin d'interlocuteurs qui simplifient la réalité, qui l'organisent. Dans les grands domaines de la vie collective, existent deux réalités: l'une floue, complexe et contradictoire dans laquelle nous vivons concrètement, l'autre, structurée, décantée, déléguée à l'infini, est celle des médias. Et comme les gouvernements aiment aussi les choses simples, c'est à la réalité dont parlent les médias qu'ils réagissent généralement.

Il y a donc tout un monde qui s'agite en vase clos, se répondant à lui-même comme un écho sans fin. C'est l'univers des «intervenants». Ils décodent notre vie en «cochez oui, cochez non». La première fonction de cet univers dont les médias sont le téléphone intellectuel et conflictuel est de perpétuer sa propre utilité, la justification permanente de son existence. Comme dans la police, on enquête sur soi-même et on réfléchit en famille. Si une erreur de parcours fait intervenir dans ce processus un regard extérieur, comme dans le cas de la Commission Rochon sur les services sociaux et de santé, les «intervenants» et leurs pendants politiques s'entendent rapidement pour rejeter du revers de la main ce corps étranger, ce virus qui menace l'organisme. Cela crée un univers dans lequel on ne gère pas la santé et les malades, mais la structure institutionnelle et les pourvoyeurs de soins ou de services.

Le même phénomène se répète dans les débats sur les grands enjeux politiques, tel le débat constitutionnel. Depuis l'accord du lac Meech, des centaines de manchettes ont été publiées, comme si l'information était aussi claire pour le lecteur moyen que le résultat d'un match de hockey. La fiction politique — une bonne partie de la démocratie repose sur une fiction — veut que les hommes politiques et les groupes «engagés» prennent position «au nom» des gens qu'ils prétendent représenter. Les médias, courroies de transmission, «jouent», commentent, comparent et dénoncent COMME SI la population était fondamentalement préoccupée par le sujet. Pour leur part, les hommes politiques font semblant de croire à l'émotion médiatique et à l'apparente passion de leurs semblables. Pendant ce temps, la très grande majorité des Canadiens ne sait absolument rien du contenu de l'accord et pense probablement qu'il concerne un vague programme de dépollution d'un des Grands lacs.

«Le lac Meech», improvisation dans le style «nonobstant l'Ontario, le Manitoba pense». Accessoires? Éditoriaux de la veille. Nombre de joueurs? Très limité. C'est à ce jeu que j'ai souvent eu l'impression de jouer quand je me consacrais à la couverture des débats constitutionnels.

Les médias défendent le droit à la parole au nom de la «vérité». Ils devraient aussi, au nom du même principe, défendre le droit au silence et à la non-publication.

Non seulement quand c'est facile, quand le groupe ou la personne qui réclame attention se situe tellement hors-cadre qu'il demande indirectement sa propre exclusion, mais aussi quand cela prend un peu plus de courage et de jugement éditorial. Inaugurations cérémoniales, discours passe-partout d'un ministre incapable de refuser une invitation, communiqué de presse automatique, nous devrions être libérés de toute cette comédie. Il fut une époque où on pouvait lire dans les journaux des textes comme celui-ci: «Le ministre des Travaux publics a prononcé hier un discours devant les membres des chevaliers de Colomb de Limoilou. Une cinquantaine de personnes assistaient à l'assemblée qui s'est terminée par un vin d'honneur.» C'était du grand journalisme.

15 NOVEMBRE

Que nous est-il arrivé pour que cette société, qui avait la mobilisation et la parole tellement faciles, s'installe dans le silence?

Seuls, la question linguistique, les révolutions perdues à l'étranger ou le statut fiscal des artistes semblent avoir sur nos intellectuels un attrait quelconque. Les grands débats constitutionnels sont abandonnés à ceux qui en vivent, les avocats et les politiciens, le choc culturel de l'immigration et des réfugiés à des enseignants et des travailleurs sociaux dépourvus de moyens et de recours, l'environnement à quelques groupes marginaux et la brûlante question du libre-échange aux économistes et aux grands patrons.

C'est comme si nos manieurs d'idées et d'opinions, nos sourciers de l'avenir collectif, nos déclencheurs de colères et d'indignations, avaient tous décidé d'un commun accord d'entrer en hibernation. Une société saine et adulte ne peut vivre sans passion, ni engueulades, fussent-elles mal fondées. Ont-ils tellement bien mérité de la patrie qu'ils aient maintenant le droit de dormir à l'enseigne du Rénovateur Rona, plus préoccupés de leur bain tourbillon et de leurs géraniums que du sort de leurs anciennes ouailles?

Nous avons connu la «grande noirceur» sous Duplessis. L'après-référendum nous a apporté le «grand silence». Si les idéologies sont mortes, cessons de penser. Le grand rêve de l'indépendance a été enterré par un peuple pusillanime, refusons tous les rêves et abandonnons toute réflexion sur la société aux gestionnaires et aux experts comptables. Les gens de l'esprit, les gens de création, n'ont pas de raison d'exister s'ils ne nous apprennent pas des peurs que nous ne connaissons pas encore, s'ils ne sont pas capables de substituer une autre chimère à un rêve perdu, s'ils ne devinent pas nos hésitations et nos réserves, nos angoisses et nos espoirs mal exprimés.

Le Québec qui pense a démissionné. Il s'inquiète des régimes de subvention, passe plus de temps à assurer la structure d'un abri fiscal qu'à lire le scénario et s'engouffre dans la recherche absolue du bonheur quotidien considéré comme une augmentation indirectement proportionnelle du temps de loisir, et la qualité de la bouffe par rapport à la somme et à la qualité du travail.

Le nationalisme, malgré ses conséquences positives et elles sont nombreuses, a littéralement obnubilé nos efforts de réflexion sur la société et le monde dans lequel elle prétend s'insérer. Déjà, au début des années 60,

j'avais été troublé par l'exclusive préoccupation nationale de la majorité des intellectuels québécois. Permanent et membre de l'exécutif du NPD, j'ai vécu quotidiennement ce malaise. Les francophones du Parti, sauf
quelques-uns, consacraient toutes leurs énergies intellec-
tuelles à l'affirmation nationale. On laissait aux anglophones la réflexion sur l'injustice économique, les droits
de la personne, le mouvement antinucléaire, etc. À ceux
qui m'en faisaient la remarque, je répondais sans trop de
conviction qu'on ne pouvait s'internationaliser si on ne
se nationalisait pas en premier lieu et que la lutte pour
les droits économiques des pauvres devait nécessairement passer par la construction d'un État national maître de sa destinée économique. Nous faisions tous une
sorte d'équation parfaite et inévitable entre le bonheur
de la nation et le bonheur individuel de ses citoyens.
Avec les années, avec De Gaulle, Lévesque, le MSA,
puis le PQ, la crise d'Octobre, puis 1976, l'effort nécessaire pour «nommer» le pays, comme on disait, s'est
transformé imperceptiblement en incapacité de s'émou-
voir collectivement pour autre chose que le pays vu
comme un ensemble de symboles.

On peut facilement imaginer un appel à la mobilisation des Québécois pour réclamer une politique d'inté-
gration plus efficace des immigrants, mais difficilement
la même chose pour lutter contre un gouvernement qui
s'apprête à traiter les demandeurs d'asile comme des criminels de droit commun. Oui, la tragédie de la faim
dans le monde nous attriste, mais à la condition que
nous puissions aider en français et que le Québec obtienne
sa juste part de retombées économiques.

L'absence de débat sur le libre-échange dans la communauté intellectuelle québécoise est abasourdissante et
scandaleuse. Les ténors nationalistes à Ottawa et à Québec sont pour et les intellectuels «canadian» de Toronto

sont contre. Le compte y est. À la limite, c'est un problème «canadian» et de riches… or, nous sommes «québécois» et pauvres. Cela ne nous concerne pas, pas plus
que l'environnement, le patrimoine urbain, le nucléaire
ou la paix, qui sont des domaines d'action où le leader-
ship de la petite communauté anglophone ne cesse de
s'affirmer.

On me répondra peut-être qu'une nation qui lutte
pour son identité nationale n'a pas assez d'énergie en
reste pour s'inquiéter des érables, des missiles de croi-
sière et des vieilles façades. Ce genre de raisonnement
m'a toujours fait penser au célèbre «Better Dead than
Red». Il provient d'un cerveau qui a subi une lobotomie
ou qui, épuisé, se réfugie dans le confort et la paresse du
silence.

16 NOVEMBRE

Au début, je croyais que *La Presse* appliquait enfin la
technique du suivi, le «follow-up» en langage journalistique. Le début, c'était le lendemain de la grande
panne d'électricité, celle dont on ne sait pas encore à
l'Hydro si elle fut le fait de la «main de Dieu» ou tout
simplement de l'incurie de notre «miracle» économique
national. Après le drame, il y eut la lente et complexe
remise en état du réseau de distribution. Quelques milliers
de personnes étaient toujours privées d'électricité. Cela
a son importance. Un cadre génial décida alors de lancer
une nouvelle chronique quotidienne: «Les pannes».

Depuis, je peux compatir. J'apprends parfois que
24 personnes ont souffert d'une panne d'une heure et

que quelques centaines ont eu l'âme bouleversée par une interruption de courant de quelques minutes.

— Que faites-vous dans la vie?

— Journaliste. Je suis responsable de la chronique des «pannes» d'électricité. C'est très important. Le journalisme doit dénoncer, stigmatiser les insuffisances du pouvoir, son absence de respect pour le bien-être des gens sans défense.

— Pourquoi pas une chronique quotidienne sur le nombre de clochards couchant derrière la Place des arts?

— Ça touche moins de monde.

— Il en meurt parfois...

— Oui, mais alors ça devient un fait divers... vous comprenez, fait d'hiver... C'est pas mal comme jeu de mots, non?

17 NOVEMBRE

J'apprends tranquillement à me faire à l'idée que le difficile exercice démocratique nous rebute. Sinon, comment expliquer qu'une majorité substantielle de Canadiens s'oppose au libre-échange, mais que de toute évidence nous allons élire un gouvernement qui va s'empresser de signer le traité?

On me répondra que le mode électoral permet ce résultat en apparence illogique. C'est vrai. On soutiendra que toute la question aurait dû faire l'objet d'un référendum, comme le souhaitait une majorité de citoyens. C'est vrai aussi. Comment expliquer alors cette double contradiction? Pas de référendum et élection d'un gouvernement libre-échangiste? Ou encore, grève violente de plusieurs mois à Bell Téléphone, mais appuyée sur un vote de grève qui ne dépasse pas 55 p. cent. Ou encore, majorité de parents qui accepterait des écoles non confessionnelles, mais Commission scolaire catholique de Montréal totalement contrôlée par le très marginal groupuscule des parents catholiques intégristes? Et on pourrait multiplier ce genre d'exemples à l'infini.

Vivre la démocratie, c'est comme avoir des enfants. C'est sympathique en théorie, mais en pratique, c'est «une job» à plein temps. C'est exigeant, astreignant, parfois humiliant. Nous vivons en démocratie comme certains parents fortunés élèvent leurs enfants: garderies, bonne à la maison, cours de ci, cours de ça, collèges privés avec période d'étude après les cours, moniteurs de ski, professeurs d'arts plastiques, camps d'équitation et cuisine micro-ondes. Dix-huit ans après la naissance de leur enfant, ces parents sont tout surpris, lors de leur première conversation importante, d'apprendre que l'enfant préfère le hasch au pot, les condoms lubrifiés aux non lubrifiés, le «heavy metal» à Charles Dutoit, et qu'il songe à travailler dans un Club Med.

Collectivement, nous vivons dans le luxe démocratique. Pour chaque fonction difficile ou exigeante, nous avons créé un niveau spécialisé d'intervention, qui lui-même crée un autre niveau encore plus spécialisé et ainsi de suite jusqu'à la décision finale qui n'a souvent plus aucun rapport avec nos espérances et nos volontés initiales. Nous voulons des écoles, nous avons des écoles, mais nous n'avons pas les écoles que nous voulons. Nous avons les écoles qui arrangent ceux à qui nous avons délégué éternellement l'application de notre volonté. À cet égard, la théorique démocratie syndicale constitue un cas fascinant. Il n'y a absolument aucun rapport entre la pensée du président de la CSN et la pensée des

membres de la base. D'assemblées générales peu fré-
quentées en élection d'exécutif, puis en libération à plein
temps, de délégués élus en permanents choisis, de réunions de permanents en modes d'action proposés, les
objectifs généraux de la base ont été raffinés, traduits,
interprétés, refondus. À chaque niveau de délégation et
de spécialisation, les espoirs théoriques se transforment
en revendications précises et toujours plus radicales. Le
langage cesse progressivement d'être celui de la base et
devient celui de l'appareil «démocratique». Et c'est l'appareil qui donne les conférences de presse et qui négocie.
Parallèlement, c'est le même type d'appareil, étatique
celui-là, qui répond aux conférences de presse et qui
négocie. De part et d'autre, le syndiqué et le citoyen ont
donné leur volonté en sous-traitance. Quelque part,
dans le grand contrat social qui nous lie tous, il est écrit,
en très petits caractères, que nous nous réservons le
droit de changer de sous-traitant. À date fixe... et pour
un sous-traitant du même genre. Quant aux médias, ils
interprètent le contrat social comme les obligeant à couvrir les sous-traitants... dont, évidemment, ils font eux-
mêmes partie.

Dans le monde financier, une telle forme de gestion
de l'argent du client s'appelle souvent du détournement
de fonds.

18 NOVEMBRE

Adrienne Clarkson, animatrice de télévison, journaliste et ancienne déléguée générale de l'Ontario à
Paris, déclare qu'elle se réfugiera au Québec si jamais le
libre-échange entre en vigueur.

Le Québec francophone serait donc le dernier bastion de la lutte contre l'américanisation de la société canadienne. En fait, Adrienne Clarkson et quelques autres disent ce que les nationalistes modérés comme André Laurendeau proclamaient dans les années 60. Le cœur de la spécificité canadienne, c'est l'existence et la reconnaissance d'une société originale, le Québec, et la reconnaissance factuelle de cette originalité dans les structures du pays. Serait-ce l'accord du lac Meech?

19 NOVEMBRE

Paul Cauchon, du *Devoir*, a rencontré Djama, un Somalien qui croupit dans un motel à Plattsburg depuis sa tentative d'entrée au Canada comme réfugié, en octobre. Les fonctionnaires de l'Immigration lui ont dit qu'on entendra sa demande le 21 avril 1989. Il n'est pas seul, ils sont des milliers comme lui qui attendent désespérément pour savoir s'il y a un rapport entre l'image qu'ils se font du Canada et la réalité.

Je ne parle pas de la neige et du fait que les trottoirs ne sont pas pavés d'or. Ça, Djama le sait. Il le savait avant de quitter son pays appauvri par une guerre avec l'Éthiopie, puis par les réfugiés éthiopiens, puis par la sécheresse, puis par le fait que son pays comme des dizaines d'autres n'est qu'un grand camp de réfugiés éternels. Non, Djama a hâte de savoir si le Canada est ce pays généreux, désintéressé et ouvert qu'il a probablement connu grâce à une rencontre avec des coopérants canadiens ou parce qu'il a nourri sa famille durant quelques mois en puisant dans l'omniprésent sac de blé frappé de la feuille d'érable rouge qu'on retrouve dans tous les pays minés par la famine ou la sous-alimentation.

Tous les camps de réfugiés que j'ai visités se ressemblent et tous les réfugiés aussi. Ils sont incapables de faire une distinction entre la guerre qui les a forcés à se déplacer, le gouvernement qui les a regroupés, la sécheresse qui ravage leurs terres. Ils ne savent qu'une chose: ils sont menacés, physiquement et psychologiquement, de disparition ou d'internement permanent dans le circuit de la charité internationale. Et quand un fonctionnaire d'un pays riche et paisible leur demande si leur vie est en danger à cause de leurs idées, de leur religion ou de leur ethnie, ils répondent oui. S'ils sont chrétiens du Liban, ils sont menacés chaque fois qu'ils veulent aller à l'aéroport. S'ils sont chiites, mais modérés, et qu'ils ont un quarante onces de whisky qu'ils veulent offrir à un parent, ils sont menacés s'ils doivent passer par un barrage tenu par des hezbollahs. S'ils sont d'un village haïtien près de la frontière dominicaine, ils sont menacés d'enrôlement comme coupeurs de canne et s'ils refusent, ils sont menacés de sévices de la part des macoutes qui fournissent les ouvriers. S'ils sont Somaliens comme Djama, ils sont menacés de faim. S'ils sont Khmers à la frontière thaïlandaise, ils sont menacés d'être considérés comme antigouvernementaux parce qu'ils séjournaient dans un camp contrôlé par les Khmers rouges, et ils se sentent menacés par ces derniers parce qu'ils ont fui en premier lieu l'administration de Pol Pot. S'ils sont Sikhs, ils sont menacés parce qu'ils sont Sikhs dans un village à majorité hindoue. S'ils sont Salvadoriens, ils sont menacés parce qu'un jour, un fasciste armé par la CIA les a vus causer avec un syndicaliste soupçonné d'être sympathique aux rebelles. Que le syndicaliste en question ait tout simplement demandé où il pourrait trouver un vague parent n'a aucune importance.

Quand on leur demande à la frontière s'ils se considèrent comme réfugiés, ils répondent franchement oui. Quand on veut avoir des précisions sur les gens qui les menacent, sur le parti interdit dont ils seraient membres, ils ont beau expliquer que la sécheresse est un dieu menaçant dont le nom fait frémir les enfants, rien n'y fait. Faudrait être plus précis. Ce dieu au nom menaçant, fait-il de la discrimination quand il frappe ou s'attaque-t-il à un parti politique en particulier; respecte-t-il la Charte des droits et donnez-moi des preuves qu'il vous torture personnellement. Le pauvre Djama a beaucoup de difficulté à comprendre les questions, non pas qu'il soit idiot, mais tout simplement parce qu'il ne comprend pas qu'on puisse mettre en doute la capacité destructrice de ce qui le menace. Désorienté et cherchant un terrain d'entente, un langage mutuellement compréhensible, il essaiera peut-être d'expliquer que le seul fait de vivre dans certains endroits de l'univers met en danger le droit le plus fondamental de tous: le droit à la vie. On sera d'accord peut-être, mais on lui dira qu'il n'a pas pris la bonne filée et qu'il doit retourner dans son désert pour remplir les bons formulaires.

Le réfugié qui tente cette approche vient de commettre l'Erreur fondamentale. Il n'est pas un vrai réfugié au sens de la Convention de Genève. Il n'est pas à la recherche d'un pays libre qui lui permettra de développer sans danger ses thèses sur l'autogestion, il est bêtement en quête d'un endroit où vivre au-delà de 40 ans est une probabilité statistique raisonnable. Pour notre inconscient collectif enfermé dans un uniforme de douanier, le demandeur de statut de réfugié vient de dire qu'il est un «voleur de job», expression que les communiqués de presse transforment en «réfugiés économiques». Et c'est bien connu, un réfugié économique, c'est généralement ce genre d'immigrant qu'on refuse même s'il se met dans la bonne ligne et remplit les bons formulaires.

20 NOVEMBRE

Titre dans la *Gazette* de ce matin: «Personne ne nous a dit que le libre-échange était si important; avoir su, nous aurions étudié.»

Dans le superbe film *La Guerre des boutons*, Petit Gibus, beau et naïf comme un ange, ne cesse de répéter chaque fois qu'il fait une découverte: «Si j'aurais su, j'aurais pas venu.»

Je crains fortement que nous soyons une belle société de Petits Gibus qui dans quelques années, faisant le bilan de la concentration économique, de la rationalisation industrielle et des pressions sur les coûts de production que nous serons obligés d'accepter pour concurrencer les Américains, dira, l'air penaud, «Si j'aurais su, j'aurais pas venu.»

Ce qui ne cesse de me fasciner dans toute cette histoire, c'est avec quelle légèreté d'âme, avec quelle confiance absolue en nos leaders d'opinion, nous nous apprêtons à nous engager sur une voie dont les embûches, les détours et les mystères sont infiniment plus grands que la tranquille souveraineté-association que nous avons eu peur de négocier.

Tout aussi fascinant le fait que le choix du référendum soit survenu après plus d'un siècle de réflexion et de débat quasi permanents, alors que celui sur le libre-échange aura été affaire de spécialistes qui ont lancé ce pavé dans la mare canadienne, il y a quatre ans. Quatre petites années et encore, car durant ces quatre années, l'augmentation du nombre de réfugiés et l'échange de Wayne Gretzky ont provoqué plus de passions et de discussions que le libre-échange.

21 NOVEMBRE

J'ai appris en fréquentant le Liban que seuls les imbéciles n'ont jamais peur. J'ai donc tendance à rester assez sourd aux discours qui proclament les vertus salvatrices de l'audace et qui disent que la prospérité d'un pays réside inévitablement dans son courage à se mesurer à plus gros que lui. J'ai toujours pensé aussi, petit de taille que je suis, que la fréquentation assidue des plus grands donne au petit tous les tics du plus fort, toutes ses ambitions et tous ses rêves, mais aucun de ses muscles ou de ses centimètres.

Ce matin, en me dirigeant vers le bureau de vote, j'avais peur. Une véritable peur ressentie dans les entrailles, mais aussi, une peur fondée sur une longue fréquentation de la société américaine. La puissance américaine est affaire d'économies d'échelles, de grandeur de marché, bien sûr, mais elle est avant tout fondée sur des valeurs qui ne sont pas les nôtres. Cette puissance est le fruit d'une culture, celle de la suprématie absolue de l'acquisition matérielle et de l'enrichissement individuel. Et pour concurrencer ces gens, il faut soit posséder la même culture et les mêmes valeurs, soit les adopter.

Alors j'ai peur et la peur justifie toutes les alliances, même les plus obscènes. Je vais voter libéral, pour la première fois de ma vie, en espérant qu'un député de plus opposé au libre-échange pourra faire une différence. Curieux sentiment: Canadien par l'obligation que m'en ont fait ceux qui ont voté «non», Canadien par défaut, je vais voter pour le parti politique que je méprise le plus pour protéger ce qui reste d'un pays qui n'est pas vraiment le mien. Je me sens comme les Libanais chrétiens qui, un jour, firent appel aux Syriens pour se sauver des Palestiniens.

19 h 45... *Des Dames de cœur* sont de plus en plus savonneuses et mélodramatiques. Lorraine va se marier. Jean-Paul va sûrement voter conservateur, c'est un conservateur québécois typique. Les Maritimes ont déjà voté...

21 h 45... Déprime. Les Québécois ont joué aux moutons de Panurge. Dans mon comté, les Juifs orthodoxes, qui sont farouchement opposés à l'avortement, ont donné la victoire à un professionnel de la consultation inutile et bien payée. Un vrai conservateur québécois nouvelle vague. Devise: «What's in it for me?»

Dans 10 ans, avec une aussi belle unanimité, la petite tribu québécoise fatiguée de manger du poulet aux hormones, même s'il est moins cher que le poulet Flamingo, élira à Ottawa un autre premier ministre venant du Québec. Il voudra peut-être rescinder le traité du libre-échange, mais ça n'aura aucune importance. On ne leur demande pas d'être intelligents, on leur demande seulement de venir de chez nous.

En guise de conclusion

JANVIER 1989

L a jungle est en folie... comme dans la bande dessinée. «La paix sociale fout le camp», proclame-t-on partout. On demande à Mitterrand de se prononcer sur les affiches bilingues à l'intérieur des commerces. Quatre Saisons a trouvé un passage secret qui va d'une croissanterie aux bureaux d'Alliance Québec. Des policiers ont pris le contrôle du *Journal de Montréal* et enquêtent sur un maquis composé de grosses maudites Anglaises qu'on soupçonne d'utiliser Eaton comme base d'opérations.

Des usines ferment par magie, les brasseries rationalisent leurs opérations, Desmarais vend la Consol à des Américains. Rassurons-nous, cela n'a aucun rapport avec le libre-échange.

J'ai lu dans les journaux que les positions des Anglos se durcissent et que nous ferions de même. C'est la crise. Il faut craindre le pire. Le terrorisme, peut-être. Je l'ai dit à plein d'amis. Ils m'ont répondu: «Tu lis trop les journaux.»

CET OUVRAGE
COMPOSÉ EN PALATINO CORPS 12 SUR 14
A ÉTÉ ACHEVÉ D'IMPRIMER
LE SIX AVRIL MIL NEUF CENT QUATRE-VINGT-NEUF
PAR LES TRAVAILLEUSES ET TRAVAILLEURS DES PRESSES
DE L'IMPRIMERIE GAGNÉ LTÉE
À LOUISEVILLE
POUR LE COMPTE DE
VLB ÉDITEUR.

IMPRIMÉ AU QUÉBEC (CANADA)